湛庐 CHEERS

与最聪明的人共同进化

HERE COMES EVERYBODY

CHEERS
湛庐

如何培养
会阅读的孩子

粲然 著

湖南教育出版社
·长沙·

 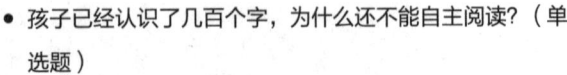

如何让孩子爱上阅读？

扫码加入书架
领取阅读激励

- 孩子已经认识了几百个字，为什么还不能自主阅读？（单选题）

  A. 孩子往往没有足够的阅读兴趣

  B. 自主阅读需要的不仅是认字，还包括理解和分析能力

  C. 自主阅读对孩子的智力要求过高

  D. 孩子更喜欢看图画书而不是文字书

扫码获取全部测试题及答案，
一起了解让孩子爱上阅读的
策略

- 当孩子开启自主阅读后，越早让孩子接触名著越好吗？

  A. 是

  B. 否

- 为了帮助孩子提升阅读能力，家长在选择书单时最好遵循哪种原则？（单选题）

  A. 根据网上推荐的书单选择

  B. 主要选择经典名著

  C. 完全选择孩子感兴趣的书

  D. 70% 选择孩子喜欢的书，30% 选择具有挑战性的书

扫描左侧二维码查看本书更多测试题

前 言

阅读就如童话般美好

小朋友,你喜欢读书吗?或者说,你觉得读书能让你开心吗?一位非常有名的作家毛姆说:"读书应该是一种享受。阅读应当让人觉得愉悦。"注意了,他说的是"应当",这说明对很多人来说,读书并不是享受,阅读也并不让人愉悦。有些人甚至告诉我,捧起书他们会肚子疼、冒冷汗,或者马上进入梦乡。作为一个陪伴过许许多多孩子读书的大人,我得说:"没能在阅读中获得乐趣,就像趟过黄金的河流却没

如何培养会阅读的孩子
粲然的12堂阅读写作课

有任何收获一样。"实在是非常可惜。

  如果你喜欢挨着大人、竖着小耳朵，一个接一个地听故事；如果你喜欢玩游戏，喜欢一个关卡一个关卡地挑战，急不可耐地想知道下一关到底有什么，其实你已经具备了初步阅读者的天赋——想象力和求知欲。

  故事有特殊的力量，它会让人紧张得发抖，让人气得憋红脸，会让人感动得涕泗滂沱，会让人笑得前仰后合。如果说故事是深埋在地下的黄金，阅读就是挖掘黄金的铁锹。你要咬着牙付出努力，听到自己呼哧呼哧的喘气声，看到自己的汗水滴进时间的土壤里。你要鼓足勇气，绝不放弃，才会收获黄金，收获随之而来的喜悦和力量。

  长久以来，你可能会认为，大人要求你阅读，就是要求你读完书能说出一个道理，或者写下几个字词，甚至能讲出这本书的主要内容，然后在这个基础上纠正你的错误，说一些"你看，你都不会读书""根本没有读懂这本书的内容"之类的指责的话。你会觉得有点紧张，甚至有点愧疚，但事实不是他们说的那样。到底什么才算会阅读呢？

前 言
阅读就如童话般美好

对于阅读这件事,家长和孩子之间存在着误会。家长希望孩子学会阅读,是因为在这个世界上,过去发生的许许多多美好的事物只存在于纸上,存在于书里。一代一代人将这些心灵的秘密保留下来,像火箭的导火索,现在只要孩子点燃自己的思考力,阅读就会爆炸,会将他们推向更远、更璀璨的未来。希望孩子到更璀璨的未来里去,到比现在更明亮、更美好的未来里去,这是所有人的心愿,也是我写这本书的初衷:围绕 12 个主题进行探索,通过众多文本讲述,真正地和孩子进行合作式对话。每个主题和故事紧密连接,投射成年人和孩子的双重视角,能让孩子完成更富有深度的阅读。

既然每个孩子都喜欢听故事,也看了很多绘本,为什么他们依然不爱读文字书、写不出作文呢?做了十几年儿童学习力跟踪调研,我发现首先在阅读上,家长往往会陷入很多误区。

为什么孩子的阅读能力上不去

在孩子 6 岁以前,许多爸爸妈妈因为"自己太忙""孩

如何培养会阅读的孩子

粲然的 12 堂阅读写作课

子听不懂"等种种理由忽略了亲子共读;当孩子入学后,家长又往往认定"孩子已经认字了",把阅读的事全然推给孩子,自己只负责购买"孩子必须读的书";抑或认为"学习成绩更重要",占用孩子自由阅读的时间,让孩子埋身于大量学科练习之中。而这些都让孩子失去了浸润于书海,将温暖和安定感受与阅读相联系,与阅读长期相伴的宝贵机会。在孩子的阅读上,家长往往有如下误区。

亲子共读是为了解决成长问题

在 0~6 岁的亲子共读中,很多家长把目标放在用绘本解决成长问题和对孩子讲道理上。因此,总会出现孩子牙疼就找讲牙疼的绘本,做噩梦就找讲"克服恐惧"的绘本,不喜欢社交就找讲"交朋友"的绘本……他们把共读演变成"劝勉成长的药铺",把绘本当作"成长病"的"大补丸"。但实际上,人的探索本性趋向有趣、有爱、好奇、多元之物,学龄前的亲子共读,最重要的是在共读的基础上缔结亲子相伴的良性关系;是当孩子长大后看见书,会想起在父母臂弯里翻动纸页的无数深夜,从心底里涌现出好奇与喜悦的情绪。如果把书当作"解药"和"补药",而书又恰巧没有发挥相关作用,就难免会被束之高阁,这就痛失了阅读的初衷。切记,家长只有一晚晚付出

前 言
阅读就如童话般美好

时间，与孩子共同沉浸在书海中，注入回忆与深情，才能在生命之初，让孩子与阅读紧紧相连。

认字就能自主阅读

认字、学会阅读、在阅读中学习是三件事。它们之间固然有前后相续的关系，但并不是简单的由因及果的过程。很多成年人忘记自己当初的学习状态，忘记了看说明书时每个字都认识，但连成一段就看不懂的情景；忘记了熟背千百个英语单词，但做英语阅读题时依然磕磕绊绊的状态。他们总是想当然地认为，孩子已经认识了"几百个字"，理所应当自主阅读。但有时候认字的孩子并不愿意自主阅读，有些长期进行亲子共读的孩子还会抗拒自主阅读。这引起了很多父母的不解，其中有一部分人还会陷入挫败感。

如果把认字比作掌握初步的开车技能，自主阅读就好比独自开车上路。现实中的确有一部分新手司机摸几下方向盘就上路了，但更普遍的情况是，路况复杂，新手司机不仅需要有启动和驾驶汽车的技能，更需要随机应变，能独立处理各种突发情况，并有跨越层层路障的信心和长期持续驾驶的韧性。无论哪个领域，熟手对新手的引导，都

如何培养会阅读的孩子

粲然的12堂阅读写作课

不能停止在后者掌握初步技能的时候，而需要更进一步带领对方了解"路况"，协助对方熟稔局势、提高胆气，支持对方得到自我成功的感受……让新手有望独当一面。

或者，如果把亲子共读比喻成朝向文化城堡的并肩作战，那么在孩子的自主阅读期，父母的位置的确退后了一步，但这种退后并不是骤然离席和马上消失。孩子刚刚成为独立挺进的"少年将军"，大人可以是一起制定策略的人、送锦囊的人、共同复盘的人……呼应孩子，直到孩子看见自己无远弗届的未来。

读了几本名著就能拥有过人的阅读力了

很多父母谈及孩子的阅读情况，往往以"看过某一本书"作为验证孩子阅读能力高低的标准。比如"我孩子在二年级已经读过《红楼梦》""我孩子三年级读完《三国演义》"，诸如此类。但经历十余年阅读跟踪后，我反而认为，不应当把"读过某几本名著"和"超龄阅读能力"画等号。

首先，我们需要缔结一个共识：我们所要培养的阅读者，不是读过（或者打卡）某些特定书目的读者，而是终

前　言
阅读就如童话般美好

身保持阅读兴趣和阅读行为的人。就像我们自己，有几个人真正认真地、按图索骥地看完了"此生必看100本高分作品"（并写下书评）呢？但我们其中许多人都被充满创造力的艺术作品深深打动过，养成了较好的审美品味和文化习惯，有更为广阔的思想和灵魂。比起读过什么书，更重要的是读书的人因此获得了什么。

其次，过早让孩子接触社会背景复杂的名著，"看不懂"和"不理解"的阴霾会长久影响孩子的阅读体验，甚至让孩子产生"大部头名著就是让人厌倦"的错误认知，或者因噎废食，短时间内拒绝读文字量大的图书，这些相关影响都未免得不偿失。还有些父母所说的"读过"，是孩子通过广播剧、影视剧、简介式的短视频对作品概要进行了了解。多媒介触达是智能时代了解作品的途径，但仍不能称其为阅读。阅读仍然需要目光穿梭于字里行间，去相撞、去思考、去捕捉。

回首让我们的灵魂产生巨大震撼的艺术作品，无一不是我们花费了实实在在的时间与之同行的，无一不是在我们身心成长过程中恰到好处的"相遇"。6～8岁，支持孩子在自主阅读过程中爱上阅读。8～10岁，引导孩子

如何培养会阅读的孩子
粲然的 12 堂阅读写作课

习得阅读技巧，逐渐组织和管理自己的阅读内容。要帮助孩子，让他不要停留在舒适区，只阅读自己喜爱和熟悉的类型的图书，要让他乐于挺进"学习区"，对不熟悉的作品保有适当的好奇。10～12 岁，帮助孩子持续保有阅读中的观察力、共情力和独立思辨力，在跨学科的阅读中深入思考。12～14 岁，帮助孩子着手搭建自己的阅读体系，充分意识到阅读与日常生活有机联结的关系，"读以致用"。总之，支持孩子在培养阅读能力时循序渐进、系统发展，这是很重要的事。

孩子不喜欢的书就不看

同质化书单不利于儿童阅读能力的稳步提升，良性阅读需要优化搭配。就像健身时饮食要结构化搭配才能有效提升体能、降低体脂，这才是真正的因果链条。

我们的身体需要营养均衡的饮食，阅读也是如此。尤其是在孩子成长的阶段，父母不应该任由孩子只挑自己爱看的书来看。我们的目标是提升孩子的阅读能力，因此要提供大量的读物，让孩子挺着脊梁冲过困境，提高他们的抗挫力、创造力、自主阅读能力，穿过一切障碍。

前 言
阅读就如童话般美好

要提升阅读能力,就不能只停留在舒适区。为孩子打造的书单最好遵循 7∶3 的比例:70% 是孩子喜欢的、熟悉的书,30% 是孩子需要"踮着脚能够到"的书。通过努力完成系统迭代,才是真正有效提高阅读能力的方法。

要求孩子读懂

有人问孩子读不懂怎么办?其实古人在学习语文的时候也是先大量阅读,一路读下来,似懂非懂地读下来,慢慢就读得熟了,读得懂了。文字过关了,写作也就过关了。就像很多成年人读中国名著,也是似懂非懂的状态。自主阅读的基本目的是联结,而不是读懂。课堂上班主任经常就某个段落或某句话进行提问,"这句话是什么道理呢?这位同学你来回答一下!"这使得许多人从小就对阅读这件事倍感压力。

所以,要破除读懂的魔咒,放弃读懂的偏执,鼓舞孩子任何文本都可以去看。不要问孩子"懂不懂",最好的方式是问:"读到这里,你想到了什么?"比如看《要求太多的餐馆》,妈妈就可以和孩子聊:"读到这的时候你想到什么?"我就听到有孩子说:"我想到了妈妈曾经带我去过一家网红餐厅,结果一点都不好吃,原来这个餐厅

如何培养会阅读的孩子
粲然的 12 堂阅读写作课

是骗人的!"

阅读是没有正确答案的,家长要求读懂,还是在期待唯一、正确的答案。但提升阅读能力不是会答题,答题的胜算依靠两个方面:一是阅读能力的提升;二是掌握答题技巧。仅仅为了答对题才让孩子去提升阅读能力,是本末倒置。答对题不等于阅读能力的提升,这是两种不同的技能。应试技巧也并不等于学习能力,学习能力是需要系统迭代的。

培养孩子阅读能力的秘密武器

孩子读几本书不是提升阅读能力的关键,也不是评估阅读能力高低的标准。阅读究竟应该怎么做?下面,我与父母分享几个提升阅读能力的"秘密武器",用对了方法,其实每个孩子都能成为非常厉害的阅读者!

秘密武器之一:斯通定律

孩子不喜欢阅读?这太正常了!根据斯通定律,这可是一个很好的引导孩子发现自己的机会。遇到不爱阅读

前 言
阅读就如童话般美好

的孩子,我会死皮赖脸地问:"为什么呢?为什么不喜欢呢?"当孩子一次次回答不喜欢书的理由,他就会渐渐知道自己喜欢什么了,这就是寻觅的过程。

每次和孩子进行这样意志力大对决的时候,斯通定律就是我的有效支撑。在陪伴阅读的过程中,面对孩子的拒绝,家长不要总是挑毛病,而是应该考虑怎样去帮助孩子,怎样带着孩子走向一个好的方向,要像这样应对:"我知道你遇到了问题,就让我们一起来看看吧!"

秘密武器之二:峰终定律

峰终定律是当代心理学的重大发现:人们在一段经历中的高峰(peak)和结束(end)时会有关键体验,这决定了人们对一件事或好或坏的感受。

比如,孩子爬山过程中可能会哭闹,不愿意前进,但坚持爬完后,如果他的感受是"还行,这也没什么",那么他就会得到"我是可以的"这样的信心。我们用这种科学的方法在几个关键点上帮助孩子,孩子的成长速度就会非常快。

在孩子遇到高峰、遇到困难的时候,引导者要帮他跨越,让他体验成就感,让他相信"我可以!"需要注意的是:不能逼迫孩子去攀爬高峰,这样反而会产生挫折感,要时刻注意孩子什么时候需要你的帮助。

秘密武器之三:三分之一定律

孩子最容易在阅读进行到 1/3 处时放弃,这是他们最需要帮助的时刻,也是非常重要的转折点。在三分之一处帮孩子一把,能有效帮助他坚持下去。

好的文学作品也非常注意运用三分之一定律,常常在这个位置设置悬念,吸引读者继续往下读。

跑步也非常类似:跑到一半的时候你会放弃吗?不会!因为你已经闯过最艰难的点,跑到四分之三处时更不会。许多失败的跑者就是在三分之一处放弃的:热情已经被消磨,但又"前途渺茫"。所以家长们一定要注意,三分之一处、高峰处,都是需要给予足够关注的重要转折点。

秘密武器之四:阅读的场域

前 言
阅读就如童话般美好

在十几年的阅读推广中，我发现孩子们在参加读书会时阅读效果往往很好。这是因为儿童读书会为孩子们提供了一个阅读的场域，我们能够看到孩子们在这个无形的空间中爱上阅读、享受阅读，在彼此的交流和分享中走向阅读的更深处。

读书会中有个环节叫轮转读书，它有很多好处。首先是紧迫感。都说"书非借不能读也。"孩子平时读书不会有太多的紧迫感，但在轮转读书的情景下，如果交换日之前没有看完已有的书，孩子便会屏住呼吸用力去看！轮转制度就像"隐形的皮鞭"，这是构成心流的一部分——为了完成一件事而激起全身的能量。其次是扩大阅读面，形成阅读社交圈。从三年级开始，孩子就不仅从家长那里获取图书了，还会看周围人介绍的书，对阅读的需求越来越大。创造一个良好的阅读社交圈，在轮转读书的过程中可以在短时间内读不同类型的书，扩大阅读面，还可以通过这样的社交方式，让孩子在分享生活中各种信息时，情感、想法、困惑可以得到缓解和抒发。孩子们会期待一起讨论诸如"我是谁""我学到了什么"，以及很多身边的具体问题，从而获得学习以及体验良性社交的乐趣。

秘密武器之五：灭霸定律

在亲子阅读过程中，很多家长都会问：

- 孩子读完一本书，该和孩子谈些什么？
- 孩子读得挺好的，可家长没看过，该聊点什么好呢？
- 怎么带孩子从书籍的故事情节里更上一层楼，和孩子谈更深刻的话题？

针对这几个问题，我们可以使用"灭霸定律"。

相信不少人都看过漫威电影《复仇者联盟》，其中的大反派灭霸为了毁灭世界收集了6颗能量宝石，分别是时间、现实、力量、心灵、灵魂、空间宝石，由它们组成的灭霸无限手套有着惊人的力量。当我们和孩子讨论阅读的时候，我们也可以"戴上"灭霸的无限手套，通过这6个问题和孩子交流，引导他深入思考。

时间宝石。当我们想和孩子聊阅读，第一个问题可以围绕时代展开。你可以问他：这本书的作者或者说这本书

前 言
阅读就如童话般美好

写的是哪个时代的事情?

比如,《中国画,好好看》这本书里有很多经典画作,可以随意翻出一幅画问孩子,这幅图是在哪一个时间点画的?

再比如《水浒传》,你可以问孩子这本书写的是什么时候的事?然后再和孩子分享一些你知道的宋朝的事情。

围绕时间,我们可以从作品的时间、作者所处的时代、故事主角所在的时代,和孩子谈时代背景,谈作者和故事主角在不同时期的变化等,不断拓展出更多的话题,孩子也能对阅读的作品有更深刻的认识。

现实宝石。现实宝石就是问选择。几乎每一本书的主人公都会面临人生的选择,每一本书都蕴含着大量的选择。

比如孩子们爱读的幻想小说《纳尼亚传奇》,这个奇幻的故事由一个走进衣柜的小女孩露西开始。露西进入衣柜中的神秘国度,遇到了一个小羊怪,小羊怪把她带到家

如何培养会阅读的孩子
粲然的 12 堂阅读写作课

里给她东西吃，他们成了好朋友。有一天她的哥哥爱德蒙也走进了衣柜里，遇到了一个坐着雪橇的白女巫，她给了爱德蒙一包土耳其的软糖，他们也成了好朋友。

可是当他们一起进入衣柜里的世界时，他们发现小羊怪和白女巫是敌对关系，露西选择站在自己的朋友小羊怪身边，可爱德蒙跟白女巫也是好朋友，他要不要站在白女巫身边呢？这是爱德蒙面临的选择。

当我们和孩子讨论的时候，就可以问孩子：如果是你，你会怎么选？为什么爱德蒙的选择跟你不一样？

问选择可以让孩子发现，每个人的思辨力是不同的。每个人在当时当下的选择都是很多的，但是他为什么非要选择这个？从选择中可以看出每个人物的特点，他做出的选择其实是他个人性格和心理的投射。

力量宝石。力量宝石其实就是问"最"。例如最感动你的情节是什么？你最喜欢哪个角色？主角们遇到的最惨的经历是什么？

前 言
阅读就如童话般美好

比如你可以问孩子，莎士比亚的作品里，你最喜欢哪一部？这些问题都是家长不用看书就可以跟孩子讨论的。

比如有一段时间我的孩子在看《庆余年》这套书，我连电视剧都没看过，但我可以直接问孩子：《庆余年》里面你最喜欢谁啊？孩子就会根据自己的印象开始讲述他喜欢的角色。接着我可以再追问，你为什么最喜欢他？……

这个过程就是验收。阅读不仅仅是读书，更需要讨论。所有的艺术作品都需要讨论，因为讨论的过程就是不停验收和复盘的过程。你问他最喜欢什么和最讨厌什么，孩子其实已经在共情，走进角色的内心深处了。这对提高孩子自主阅读能力也是很重要的过程。

心灵宝石。心灵宝石就是问感受。无论是阅读小说，还是各种科普书，都有一个非常重要的环节，就是问感受。通过问感受你会发现孩子心灵的成熟度。

比如，面对幼儿园的孩子，我们可以问小狐狸把小熊的玩具拿走了，小熊是什么感受？通过问感受你会发现他会不会跟人共情，是不是一个社会化的人。

如何培养会阅读的孩子
粲然的12堂阅读写作课

又比如《西游记》里孙悟空三打白骨精,你可以问故事里最大的争斗是什么?是孙悟空和白骨精的争斗吗?不是,最大的争斗是孙悟空和唐僧的争斗,他们的矛盾在于唐僧认为孙悟空不听自己的话,就算白骨精是妖怪也不能打,所以就念起了紧箍咒,把孙悟空折磨得死去活来。

在讲这个的时候,我们可以问孩子:孙悟空的感受是什么?孩子就可以感悟到,孙悟空很委屈、很难受。因为委屈的感受是孩子可以理解的。在这个程度上,我们再发问:委屈是什么感受?你有委屈过吗?什么事情曾经让你有过这样的感受呢?

灵魂宝石。灵魂宝石是问这本书的意义。其实,孩子不一定能回答出来这本书有什么意义,我们可以问孩子书中的主角为什么要做这个行为,这对他是一个好问题,他会对书中人物的动机产生好奇。

比如《活出生命的意义》《帕瓦娜的守候》《深夜日记》等这类有生活感受、哲学思考的书籍,还有《法治的细节》这类法学书,都可以从每个真实发生的案件出发,和孩子谈动机、问意义。问有深度的话题,即使孩子暂时回

前　言
阅读就如童话般美好

答不出来，也对他有着很好的启发。

空间宝石。空间宝石其实是这个"灭霸定律"里最重要的一环。家长和孩子谈阅读时想要为作品扩宽空间，就在讨论环节让孩子去改写故事。

比如莎士比亚写的《罗密欧与朱丽叶》，如果孩子看过这本书后可以问孩子：如果你是莎士比亚，你会怎么写罗密欧与朱丽叶的故事？这个就是扩宽空间。当孩子成为能够改变主角命运的人，他的想象力也将被充分激发，他的创造会让你惊喜不已。

当你和孩子把这6个问题一一讨论过，孩子对书的感悟就不仅停留在故事情节上，还包括对时代背景、人物心理的理解，孩子的阅读力、思辨力、共情力也将再上一个台阶。

当然"灭霸定律"也不是万用万灵的，家长需要依据孩子的成长特点结合实际情况去应用。

首先，对幼儿阶段的孩子来说，使用"灭霸定律"时，

如何培养会阅读的孩子
粲然的 12 堂阅读写作课

应该多提一些封闭式问题，例如你喜欢小熊还是小马？你的感受是悲伤还是快乐？你是非常想去还是根本不想去？因为越小的孩子越不能回答开放式的问题。相反地，孩子越大越可以多提一些开放性问题。

其次，不要每次都用"灭霸定律"和孩子讨论，或者每次用就从头到尾把全部问题问一次。每次都这样对孩子提问，对他来说更像是"拷问"而不是讨论。可以一次只用一个宝石，或者一个月使用一次。家长也可以买一个"灭霸无限手套"来配合，对孩子来说这就会变成一件好玩的事情，不容易造成压力。

这本书该怎么用？

前面讨论了这么多，归根结底就是，让阅读变得好玩，孩子自然会爱上阅读。那这本书该怎么使用呢？我为你提供三大攻略。

攻略一：认真思考。

前　言
阅读就如童话般美好

每个主题里，都设置了不同的话题。希望无论是大人还是孩子都能够认认真真地思考这些问题，思考的时候，可以用笔把自己的想法记录下来，可以是一些简单的词语、句子或者图画。

攻略二：对话交流。

希望家长和孩子或者孩子和好朋友们一起交流书里的话题，分享彼此的见解和感悟。对话可以让人表达和交流思想，促进不同观点的碰撞和融合。通过对话我们可以了解到许多不一样、有趣的想法。对话也是输出的一种形式，在和别人沟通交流的时候我们也是在练习表达。同时这样的交流不仅能增进你对所阅读的这本书的理解，还能激发你的创造力和想象力。

攻略三：集结成册。

在阅读故事、思考和对话之后，相信大家对这些主题已经有了许多自己的感受和想法，试着把这些想法整理出来，完成"一起来创作"的内容，可以是写字、画画或者是录制视频等有趣的形式。完成后，记得把全部的作品集

如何培养会阅读的孩子
粲然的12堂阅读写作课

结成册，形成专属作品集。

本书的12个主题不以某本必读书为目标，而是希望以阅读解析＋对话的形式，帮助孩子走出现在的阅读小圈子，走进经典的、世界级的高级童书，引发孩子对高级童书的好奇与共情。虽然本书不会带给孩子阅读的正确答案和必有路径，但它愿意把其他孩子或浅白或胡诌或灵光乍现的答案分享出来；它不会告诉孩子某个道理，而是期待和孩子一起探索故事背后整个社会思考的底层逻辑。

我相信，只要点燃孩子的故事思考力，儿童阅读就会发生大爆炸式的化学反应。孩子会更愿意自主阅读，更有意愿发现问题、独立思考，最终成为更强的阅读者和表达者。

目录

前言 阅读就如童话般美好

第1课 亲情
脚踏五彩祥云、挥棍而来的爸爸 001

粲然和你一起读
爸爸是我们人生旅程中的陪伴者 004
"爸爸"是蕴藏三层味道的糖果 007
爸爸的爱造就孩子的世界 011

思考与对话
如果爸爸是一颗糖,他是什么味道 015

一起来创作
爸爸的故事 019

第2课 独立
每个人都是逃家小兔 021

> 粲然和你一起读

一场爱的捉迷藏 024
那一段短短的距离，是一次成长的宣誓 027
遇见新世界，遇见自己的心灵 032

> 思考与对话

听到"离家出走"这几个字，你想到了什么 034

> 一起来创作

"离家出走"的故事 038

第3课 恐惧
为什么会有吓小孩的故事 039

> 粲然和你一起读

文明的力量会驱散心灵的阴影 042
了不起的故事，总是关乎人生的真相 046
所有的女巫都是女的 051

目 录

> 💬 思考与对话

生活中有什么人，让你觉得像女巫呢　　　054

> ✏️ 一起来创作

吓大人的故事　　　058

第 4 课　生命
万物有灵且美　　　059

> 🍂 粲然和你一起读

感人至深的一场生命救援　　　063
有些书，是动物赋予了它们生命　　　068
天鹅的临终之歌　　　071
永葆对自然的热爱　　　074

> 💬 思考与对话

你真的了解自己生活的地方吗　　　075

> ✏️ 一起来创作

变成动物的一天　　　080

第5课 财富
怎样过上富足快乐的生活　081

🦴 粲然和你一起读

钱是好的还是坏的　084
如何让财富增值　088
梦想操作图　095
财富并不只是钱，幸福不只是有钱　098

💭 思考与对话

金钱是唯一能让人幸福的东西吗　102

✏️ 一起来创作

梦想清单　106

第6课 容貌
你照过白雪公主后妈的专用魔镜吗　109

🦴 粲然和你一起读

"看脸的世界"真的存在吗　112
魔镜所说的，不一定是真相　115

目录

两种截然不同的自卑   120
不完美的神奇力量   125
我们给这个世界的回答   128

● 思考与对话

你喜欢照镜子吗？照镜子的时候，
你会对自己说什么   130

● 一起来创作

新白雪公主   135

第7课 幻想
魔法空间在身边   137

● 粲然和你一起读

相信魔法的孩子才能遇见魔法和奇迹   141
野兽国与成长困境   148
魔法瞬息万变，而成长永恒不变   151

● 思考与对话

为什么魔法故事里的魔法是被限制使用的呢   153

● 一起来创作

开启魔法的物品   157

第8课 未来
无科幻，不未来   159

> 粲然和你一起读

前所未有的孤独感   165
每一个孩子，都是安德   169
要为未来做好准备   173

> 思考与对话

你想象过长大后的世界是什么样的吗   177

> 一起来创作

未来世界的一天   181

第9课 童话
每个孩子的心灵安抚密码   183

> 粲然和你一起读

童话是个比喻   186
童话就像一个个谜语   191

目 录

成为自己的解救者 195
在每个童话里，汲取爱和勇气 198

💬 思考与对话

你最喜欢的童话故事是什么 205

✏️ 一起来创作

改变命运的故事 207

第10课 **人生**
你想过怎样的人生 209

👣 粲然和你一起读

人生之书 213
人生中最重要且基本的一些事 220
我的人生有什么使命 227

💬 思考与对话

哪些事会引导你想象未来 231

✏️ 一起来创作

给10年后的自己写一封信 233

第11课 神话
"我是谁"的终极答案　　235

> 粲然和你一起读

神话里面有什么　　238
我要了解他真诚的心灵　　242
追求智慧的众神之神　　246
英雄的自我成长之路　　251
华人到处有妈祖　　254
只要有一个孩子相信，神话就不会消失　　257
神话的未来　　259

> 思考与对话

神话是古人想象出来的，我们为什么还要记住它们呢　　260

> 一起来创作

你想认识哪个神话人物　　264

目 录

第12课 诗歌
长长短短是诗歌   265

粲然和你一起读
诗歌是表情达意的信息库   271
诗歌,是对这世界的悲伤与爱的回答   276
孩子是天生的诗人   281

思考与对话
假如诗是一种食物,你觉得它闻起来、摸起来、看起来是什么样的呢   286

一起来创作
为你爱的人或世界写一首诗   289

附录 5~12岁孩子阅读和写作要具备的能力   291

第 1 课

亲情
脚踏五彩祥云、挥棍而来的爸爸

每个人来到世界上，都会拥有一个爸爸。未来，许多男孩也要学着成为别人的爸爸。希望每对父子、父女无论经历什么，最后都能感受和理解，父爱造就了世界，父爱成就了许许多多动人的故事。

第1课 | 亲情

脚踏五彩祥云、挥棍而来的爸爸

你观察过自己的爸爸吗?

对你来说,爸爸是怎样的人?你对他有过抱怨吗?为什么会抱怨?他欺骗过你吗?你生气是因为他很强大吗?如果爸爸不强大,他凭什么成为爸爸?

这些听起来简单的问题,实际上会陪着孩子和爸爸度过这一生。有很多不停思考爸爸和孩子关系的人,写下了优美且感人的文章,像以后你会读到的朱自清的《背影》、傅雷的《傅雷家书》等。这些文章之所以流传很广,就是因为每个人心里都有一个"爸爸情结"吧。

> 粲然和你一起读

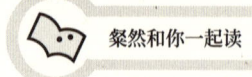

爸爸是我们人生旅程中的陪伴者

每个人都拥有一段自己和爸爸的专属故事。我也有。

小时候，我爱爸爸，爸爸也爱我。随着我慢慢长大，不知道为什么，我和爸爸开始冷战。等到长成大人，我突然发现，自己已经很久很久没有和爸爸拉着手并肩散步了。后来有一天，我爸爸生了一场大病。他生病以后，双耳再也听不见声音，也经常忘事。

他再也听不见我喊他"爸爸"了。

我做了多年的家庭观察，见过许多爸爸。我把他们和我爸爸的形象，融进一个故事里。这个故事的名字，叫作《旅伴》。旅伴，就是旅途中互为陪伴者的意思。

很久很久以前，一个四处寻找宝贝的大人遇见一个孩子，开始了一段奇妙的旅行。

第1课 | 亲情
脚踏五彩祥云、挥棍而来的爸爸

旅途中，大人总是在找各种各样可能是"金子"的东西，只要看到亮闪闪的东西他都要擦干净放到嘴里咬一咬。如果咬起来是硬邦邦的，就藏进他的铁皮箱子里。孩子也背了一个小包，他也每天往小包里装他的宝贝。

他们就这样一天又一天地闯荡世界，两个人越来越熟悉对方。两个人的背包里，也装进了越来越多的东西。

有一天晚上，他们遇到了三个强盗！强盗抢过大人的箱子，撬开它，把里面的东西翻了个遍，里面根本就没有什么金子。"藏了半天，全是不值钱的东西！"强盗不屑地说。

他们又扑向孩子的背包，可是神奇的事情发生了，三个强盗把头埋到包里看了半天，默默地走了。

孩子的包里装了什么呢？大人跑过去看，里面装着大人平时跟孩子说过的许许多多的名字，比如"太阳""月亮""海""老鼠""飞机"……还有大人跟孩子说过的话，像是"我带你去看世界""世界真美啊"……还有大人给孩子讲的故事，握紧孩子手的力量，孩子生病时担心的碎碎

如何培养会阅读的孩子
綮然的12堂阅读写作课

念,给孩子的加油鼓劲声,以及大人温暖的怀抱和温热的呼吸。

里面还有一张字条。孩子在字条上写着,这个世界上所有的东西都有名字了,但大人还没有,他想给大人一个最最好听的名字,比大山还好听,比月亮和生灵还好听。这个名字就叫——爸爸。

亲爱的孩子,你的爸爸像是故事里的那个大人吗?他忙忙碌碌地在这个世界上寻找宝贝,他有时对你不耐烦,他唠唠叨叨地拉扯你一起上路。但同时,他在教你认识这个世界。

我多想回到大声喊爸爸、爸爸回答"哎"的时候啊!我牵着爸爸的手,和爸爸大摇大摆地走在路上,跟路过的朋友打着招呼,大声说:"看!这是我爸!"光是想想,都觉得甜蜜。

在我们很小的时候,爸爸就像一把大伞,能挡住所有大风大雨。每当我们遇到困难,爸爸就会脚踏五彩祥云、挥舞着大棍来解救我们。"爸爸"就是一句魔法咒语代表

第 1 课 | 亲情
脚踏五彩祥云、挥棍而来的爸爸

着力量。这样的小时候,"爸爸"这个词是甜的。

但孩子不断地长大,爸爸却不会长高了。

长大意味着学会自己吃饭、睡觉,自己处理困难;长大意味着总有一天,你可能比爸爸高,比爸爸力气大,比爸爸知道更多的新鲜事;长大意味着发现爸爸也会犯错,也会偷懒;长大意味着你发现,爸爸也会不靠谱地出岔子。

粲然和你一起读

"爸爸"是蕴藏三层味道的糖果

不靠谱的爸爸常常坐在沙发上玩手机,不管家务事,偶尔出门买个东西,却过了很久很久都不回来。

有一个故事讲的就是这样的爸爸,这个故事的名字叫作《吹牛爸爸的奇幻之旅》。

如何培养会阅读的孩子
粲然的12堂阅读写作课

有一天,小男孩的妈妈要出差,临走前,妈妈交代爸爸照顾男孩和妹妹。把所有要做的事都说完后,妈妈又叮嘱爸爸要买些牛奶,因为家里的牛奶要喝光了。

第二天早上,小男孩和妹妹发现牛奶果然没有了。于是爸爸不得不去路口的商店里买牛奶。

小男孩和妹妹在家等啊等,等啊等……他们感觉自己在家等了千百年,爸爸还是没有回来。

当两个孩子饿得开始干吃麦片的时候,爸爸终于回来了。男孩问爸爸,是不是又遇到熟人,聊天聊过头了。

爸爸说,他在回家路上遇到了咄咄怪事,他被吸入一艘宇宙飞船,遇到了声称要占领地球的外星人。为了躲避外星人,他掉进了一条时空裂缝,又险些被一伙海盗推到食人鱼嘴里,危难之际,一只会说话的恐龙救了他。

这只恐龙是一个发明家,它发明了一艘热气球时间穿梭机,但是它没办法送爸爸回到自己的时代,因为时间机器上少了一颗绿宝石。

为了找到绿宝石,让爸爸回家,他们在时间和空间里不停地跳跃,遇到了原始人,阻止了火

第1课 | 亲情
脚踏五彩祥云、挥棍而来的爸爸

山喷发;利用时间差消灭了吸血鬼;在银河系警察的帮助下抓住了想占领地球的绿皮外星人和时空裂缝里的海盗……

经历了各种各样惊心动魄、神奇的冒险,爸爸终于有惊无险地回到家。更值得一提的是,在旅途中,他拼死保护给孩子们泡麦片的牛奶,最终将其带回了家。

你觉得书里那个爸爸说的时空历险是真的还是假的?他吹牛了吗?你的爸爸会不会也是隐藏在家中、拯救了世界的超级英雄?遇到这样的爸爸,你会满腹怨言,还是激动不已,一心想跟爸爸去冒险?

爸爸这个词,对不断长大的孩子来说,像蕴藏三层味道的糖果。

第一层是甜的,因为爸爸会保护你,他是你生命里重要的支撑。

第二层是酸的,每个孩子都会慢慢地发现,爸爸的身份是复杂的。他不仅是"我爸爸",他还是爷爷的孩子、

如何培养会阅读的孩子
粲然的 12 堂阅读写作课

妈妈的伴侣、公司的员工。他并不专属于你。甚至有时候，爸爸也会像小朋友一样，会耍赖，会撒娇，会想要有人来照顾他。甚至，有时为了达到自己的目的，他还会撒谎。

第三层是苦的，爸爸总会对孩子提出更高的要求。于是，孩子和爸爸之间有时会像两辆碰碰车一样"砰砰砰"撞在一起，擦出火花，甚至还会大吵一架。

孩子会发现，爸爸爱他，但爸爸不会一直对他说："没关系，我会永远保护你。"如果爸爸只知道保护孩子，没有教会孩子使用自己的力量，那么他也不是一个合格的爸爸。可是，当爸爸拉着脸批评你，监督你，要求你努力进步的时候，你的心里一定又委屈又害怕。那种滋味可真不好受。

如果你能体会到父子或者父女感情的酸甜苦辣，这证明你和爸爸已经携手走了很远的路。世界上很多感情就像镜子一样，如果你不每日擦亮它，它就会被灰尘和水汽搞得灰蒙蒙的；如果你用心擦拭它，冲它微笑，它就会明亮起来，映出你最好看的样子。爸爸和孩子的感情也是一样的。你有多久没有认真看着爸爸，笑眯眯地、真挚地跟他

第 1 课 | 亲情
脚踏五彩祥云、挥棍而来的爸爸

说"我爱你"了？去试试吧！看看会发生怎样的魔法。

粲然和你一起读

爸爸的爱造就孩子的世界

说起和爸爸之间的甜言蜜语，就不得不讲到一个举世闻名的作家——莎士比亚。他写过一个影响深远的故事，说的正是这件事。这个故事名叫《李尔王》。

很久很久以前，不列颠国王李尔决定退位，把国家分给他的三个女儿管理。他对三个女儿说："我把国土分成三份，谁最爱我谁就能获得最多的国土。"这就是著名的"因爱分封"。

大女儿和二女儿说尽甜言蜜语。轮到小女儿的时候，小女儿认认真真地说，她像女儿爱着爸爸那样爱着李尔王，这份爱绝对不会少一分。但如果有一天，她嫁了人，她将会爱自己的丈夫、孩子，爱生活中的许多人和许多事，她的心没办

如何培养会阅读的孩子
綦然的12堂阅读写作课

法只爱爸爸一个人。

听了小女儿的话，李尔王大怒。他决定断绝和小女儿的父女之情，将她嫁给法国国王，让她远离自己，并将国土一分为二，给了大女儿和二女儿。

获得财产的两个女儿，对待李尔王的态度越来越差。被蒙骗的李尔王气疯了，为了自己的尊严，他离开了两个女儿的城邦，自我放逐，到荒野上流浪。

小女儿知道了父亲的遭遇，非常难过。她带领法国军队讨伐她的两个姐姐。两军交战，小女儿战败。两个姐姐下令将她毒死。

在故事的最后，李尔王坐在荒野中，抱着小女儿的尸体号啕大哭，心碎而死。

李尔王是个国王，但他也是个普普通通的爸爸。是爸爸，就想证明自己在孩子心里是重要的，是被孩子爱着、需要着的。于是，有些大人会像李尔王一样，用好吃的、好玩的，或者用财富来吸引孩子说出甜蜜、服从的话。他们只想证明自己是正确的，不接受和自己不同的观点。

第 1 课 | 亲情
脚踏五彩祥云、挥棍而来的爸爸

请你认真想一想

如果有大人跟你说"证明你爱我,而且只爱我一个人,我就会给你一整个王国",或者"我就让你玩一局游戏""我就带你去游乐园",你这时候的感受是什么?你会怎么想呢?你又会怎么做呢?

这个故事告诉我们,**爱应该从心里生长出来。心里充满温暖,爱就会自然地流露。强调服从的爱,需要交换的爱,都可能带来欺骗,带来悲伤,带来对彼此的伤害。无论是爸爸爱孩子,还是孩子爱爸爸,我们都得真真正正地理解,自己所爱的应该是对方本来的样子,而不是对方带来的东西。**

讲述亲子之情的动人故事还有很多,但有一本讲述爸爸的书,我特别想在这里分享。这本书叫《我爸爸》,作者是大名鼎鼎的绘本大师安东尼·布朗。在书里,他写道:

> 我爸爸什么都不怕,他敢跟大力士摔跤。他吃得像马一样多,游得像鱼一样快。他像大猩猩一样强壮,像房子一样高大。他像猫头鹰一样聪

如何培养会阅读的孩子
粲然的 12 堂阅读写作课

明，但有时候也会做一些傻事。①

安东尼 17 岁的时候，他的爸爸突发心脏病去世。安东尼说，在长大成人以前，突然失去爸爸，没有机会像大人一样和爸爸聊天，没有机会让爸爸拍拍他的肩膀，安慰他，给他支持，他在心底生爸爸的气。虽然，这并不是他爸爸做出的选择。

很长时间，安东尼都沉浸在巨大的痛苦中。直到有一天，安东尼在家里的旧箱子里发现了一件爸爸穿过的黄格子睡衣。他把这件旧睡衣套在自己的身上，宽大的衣服就像爸爸的拥抱。在那一瞬间，安东尼再次感受到了爸爸温柔的力量。他决定"原谅"爸爸在他生命中的缺席，让自己笔下的爸爸重新成为世界上最好的爸爸，于是就有了《我爸爸》这本书。

在书的最后，安东尼说："我爱我的爸爸，他也爱我！永远爱我！"

---

① 出于对行文流畅的需求，此处对绘本内容有删节修改。——编者注

第 1 课 | 亲情
脚踏五彩祥云、挥棍而来的爸爸

比起用国土和财富来确认爱意的李尔王,安东尼哪怕和他爸爸经历了突然的分离,间隔着生死的距离,最后依然确认了对彼此的爱。长大后的安东尼,终于为自己和爸爸说出了这样的话:"我爱我的爸爸!他也爱我,永远爱我!"

每个人来到世界上,都会拥有一个爸爸。未来,许多男孩也要学着成为别人的爸爸。希望每对父子、父女无论经历什么,最后都能感受和理解,父爱造就了世界,父爱成就了许许多多动人的故事。虽然酸甜苦辣交织在一起,但我们都应该多嚼嚼父爱这颗糖。

孩子多用点时间去了解爸爸,爱爸爸。爸爸也多留点时间,把真实的自己交给孩子。

思考与对话

如果爸爸是一颗糖,他是什么味道

对于每个孩子来说,爸爸都是独一无二的。我与 10

如何培养会阅读的孩子

粲然的 12 堂阅读写作课

岁的儿子米尼聊了聊他的爸爸,很有趣!你也跟他有同样的想法吗?你是否也愿意聊一聊,爸爸在你心中是怎样的?爸爸对你意味着什么?

粲然:米尼,你觉得如果爸爸是一颗糖,他是什么味道?

米尼:我觉得爸爸是怪味糖。怪味糖有很多种味道。有鼻屎味、臭袜子味、刷锅水味、呕吐液味。但它也有蛋糕味、巧克力味、香蕉味。爸爸有好爸爸的一面和坏爸爸的一面。

粲然:我知道怪味糖。你没有办法控制今天拿到的糖是什么味道的。你可能会拿到好味道的糖,也可能拿到臭味道的糖。你觉得,你能控制今天拿到的是好一点的爸爸还是坏一点的爸爸吗?

米尼:能。如果做他喜欢的事情,就会得到好一点的爸爸。比如我的爸爸,他是个翻译家。如果我要得到好一点的爸爸,我就读他翻译的书,写书评,在书评里表扬他。他就会"咯咯"地笑,用力地拍我的肩膀。

第 1 课 ｜ 亲情
脚踏五彩祥云、挥棍而来的爸爸

粲然： 看起来你很了解你爸爸。跟我们介绍一下你爸爸吧！

米尼： 我爸爸是个疯狂的翻译家。他每天都在电脑前翻译文章，近视已经快"两亿"度。虽然"双目失明"，但他还在努力翻译。别人表扬他翻译得好，他就会像建完水坝的水獭一样"骄傲"。

我爸爸翻译了许多给孩子的书。在夜里他都会读给我听，边读边说："你看爸爸翻译得多好呀！"我觉得他翻译的书还不错。

我爸爸还是个疯狂的极限运动爱好者。他喜欢玩跳楼机、爬很难爬的山、去沙漠行走。不过通常，他还是去玩那些危险的游乐设施。

他每次玩这些游乐设施的时候，我和妈妈就在下面担心地看着他，暗自祈祷。

我很爱我的爸爸。虽然我很小的时候，他有很长一段时间在外地工作。我喜欢跟他一起看电影，喜欢跟他一起在海边散步，喜欢跟他一起爬山、打游戏。爸爸很有趣，

如何培养会阅读的孩子
粲然的 12 堂阅读写作课

跟爸爸在一起很幸福。

当然也有不开心的时候。爸爸责怪我的时候,我心里就会回荡着"讨厌他,讨厌他"的声音。我会甩上门,不看他。

我想和爸爸一直一直在一起。

粲然:关于亲情,你想给小朋友推荐哪本书呢?

米尼:我要推荐的书是《旅伴》。

《旅伴》是我妈妈写的一个故事。我一直觉得这个故事画的就是我和我的爸爸。这本书有个最大的秘密。《旅伴》这本书的最后,小孩给大人写了一封信。当时编辑让我来抄写这封信。那时候我才 6 岁,还不会写字呢!我就把这些字全部画了上去。

《旅伴》这本书讲述的是一个孩子和一个成年人的探险旅行。后来他们遇到了强盗。强盗其实是一个比喻,比喻爸爸和孩子同行的过程中,总会遇到不好的人和挫折。

第 1 课 | 亲情
脚踏五彩祥云、挥棍而来的爸爸

在这段属于父子的旅程中,最重要的不是孩子装满了自己的背包,而是背包里的东西——和爸爸在一起的回忆,以及爸爸教给他的关于这个世界的知识。

我也会带着爸爸交给我的这些东西,和爸爸一起走下去。

一起来创作

爸爸的故事

请遵照构成爸爸的故事的三层味道,写下你和爸爸的故事吧!

- 充满甜味的爸爸故事。
- 酸味爸爸之爸爸也会不靠谱。
- 啊!好苦啊!爸爸这颗糖变苦了。
- 我和爸爸和好了!

第 2 课

独立
每个人都是逃家小兔

古往今来，大部分孩子"离家出走"的历险故事都有一个光明而美好的结尾。孩子的心灵感受到了温暖，而世界也因为他们的成长发生了真正的改变。这些故事，蕴含着每一代编写故事的人的信仰——相信孩子为了独立而不断成长，相信成长一定会唤来更美好的未来。

第 2 课 | 独立
每个人都是逃家小兔

在很小很小的时候，我做过这样的事：被妈妈批评之后，我气呼呼地回到房间，把自己最喜欢的裙子和洋娃娃放进包里，一声不吭地走出家门，蹲在妈妈看不见我的地方生闷气。我希望妈妈以为我丢了，想看到她失落、难过的样子。

现在，我也成了妈妈。我的孩子 10 岁了，在他更小的时候，他也好几次告诉我，他要"离家出走"。

你有没有想要"离家出走"的经历呢？

就像《哆啦 A 梦》里的情节，大雄好几次背着他的行囊，决定离开爸爸妈妈，离开他自己的家。

如何培养会阅读的孩子
粲然的12堂阅读写作课

在心里高喊着"我！要！离！家！出！走！"——这不仅仅是你的秘密，我的秘密。"离家出走"是很多孩子都向往过的一件事，是尽人皆知的心灵秘密。

不管你现在是五六岁，还是八九岁，甚至是十五六岁，"离家出走"这个念头都会时不时向你散发出危险又迷人的吸引力。

> **请你认真想一想**
>
> 不同年纪的人想要"离家出走"的原因是一样的吗？当我们想出走的时候，爸爸妈妈会有什么反应？我们究竟能走到哪去？

粲然和你一起读

一场爱的捉迷藏

世界上有很多伟大的作品，都与"离家出走"有关，比如大名鼎鼎的《逃家小兔》。很多孩子特别小的时候，就在妈妈怀里和妈妈一起读过这个美妙的故事。故事里，

第 2 课 | 独立
每个人都是逃家小兔

有一只小兔子,它想要离家出走。于是,它和妈妈展开了一系列关于"逃家"的对话。

小兔子说:"我要逃走啦!"

兔妈妈说:"如果你逃走了,我就去追你,因为你是我的小宝贝呀!"

小兔子说:"如果你来追我,我就变成溪里的小鳟鱼,游得远远的。"

兔妈妈说:"如果你变成溪里的小鳟鱼,我就变成捕鱼的人去捉你。"

小兔子说:"如果你变成捕鱼的人,我就要变成高山上的大石头,让你抓不到我。"

兔妈妈说:"如果你变成高山上的大石头,我就变成爬山的人,爬到高山上去找你。"

小兔子开动脑筋,想变成各种各样的东西逃走,但兔妈妈总能想到对应的东西,跟随着它,陪伴着它。

这样的对话进行了好一阵子,直到小兔停下出逃的幻想,说:"天哪!我不如待在这里,当你的小宝贝吧!"

兔妈妈回答说:"嗯。再来一根红萝卜吧!"

如何培养会阅读的孩子

粲然的12堂阅读写作课

故事结束了。你喜欢这只逃家小兔吗？你喜欢不肯让小兔子离开的兔妈妈吗？如果有一天，你决定背上行囊，"离家出走"，可你妈妈一直跟着你，走在你后面，赶也赶不走。你会偷偷觉得开心，还是觉得她很烦？你会像小兔子一样，叹口气，放弃"离家出走"的计划，还是会猛然间跑得无影无踪，快乐地奔向自己幻想中的新生活？

《逃家小兔》这个故事好像有魔法，它的奇妙之处在于，不同的人，甚至同一个人，在不同年龄看这个故事，会产生不同的感受。

小小孩听了《逃家小兔》的故事，会哈哈大笑，因为他们自己就是那只小兔子。虽然他们对外面的天地有无穷无尽的想象，但同时也非常依赖自己的爸爸妈妈。他们假装要逃跑，是为了确认"爸爸妈妈还在不在""爸爸妈妈会不会跟上来"。所以，当读书的妈妈像故事里的兔妈妈一样，一遍一遍地说"无论你到哪里，我都能找到你"时，在这个爱的捉迷藏游戏中，小小孩能感受到无限的温柔，会非常安心。

第 2 课 | 独立
每个人都是逃家小兔

但是，再大一点的孩子，甚至包括一些刚刚独立的年轻人，也可能会不喜欢这个故事。他们会觉得，小兔子的妈妈怎么那么可怕，小兔子走到哪里她都要跟着。他们认为，这是"控制"。

一个故事，不同时候听，不同人听，会有不同的感受。一件事情，比如"离家出走"，不同年龄，也会有不同的判断，不同的想法。这就是阅读和成长的魔法。

> 粲然和你一起读

那一段短短的距离，是一次成长的宣誓

对于较小的小孩来说，"离家出走"更像一场爱的捉迷藏。他们神神秘秘地让对方知道"我要离开你，去一个你找不到我的地方了哦"，躲起来后心里又默默想着"你快点来找我啊"。

如何培养会阅读的孩子
粲然的12堂阅读写作课

那么,再大一点的孩子,他们"离家出走"的时候又是怎样的情景呢?《阿尔菲出走记》就非常真实地模拟了5~8岁孩子的"出走场景"。

阿尔菲的妈妈把他最喜欢的红鞋子送给了别人。他很生气,决定要离家出走!他正忙着收拾行李,妈妈在旁边一次次地提醒。

"路上会口渴,你需要一壶水。

"夜里会黑,你需要手电筒,电池也需要多带两块。

"你的巴迪熊也会想你呀!

"路上会饿肚子,来点花生酱、饼干,还有葡萄干吧!"

终于准备好一切后,妈妈把手伸进他的背包,说:"我还给你装了一个拥抱。"

阿尔菲终于背着大大的行囊走出家门。他只走到后院,就觉得好累啊!他坐下来野炊,正当他想念起妈妈的时候,妈妈出现了。妈妈和他紧紧拥抱在一起。阿尔菲这场短暂的离家出走也就结束了。

第 2 课 | 独立
每个人都是逃家小兔

拆、拆、拆故事

现在,注意了,我要把阿尔菲的这个故事,像拆解机器零件一样拆开。我们一起来看看,"离家出走"故事最吸引我们的四个关键点是什么。

为什么会产生"离家出走"的念头

我们不难发现,阿尔菲和逃家小兔出走的原因不一样。小兔想要去看看外面的世界,但是内心深处却希望妈妈总能找到它。而阿尔菲想要通过"离家出走"来抗议妈妈"把心爱的鞋子送给别人"的行为。

其实,出走的念头就像一个口号,一个代替品。很多时候,我们觉得受到了大人不公平的对待,却又不知道要怎么跟大人抗议,如何提要求,又急又气的我们便宣称要"离家出走",假装这是我们最想做的事。

当孩子决定（或已经）"离家出走"的时候，大人的态度是什么样的

面对小兔一次次的出逃幻想，兔妈妈说："无论你去到哪里，我都会找到你哦！"

小男孩阿尔菲的妈妈则对阿尔菲说："来，我告诉你离家出走需要做什么准备。"

你觉得，兔妈妈和阿尔菲的妈妈，谁更支持孩子？谁是更好的妈妈？

或者说，她们一样好。只不过孩子行为背后的目的不同，妈妈就用不同的态度去支持他们的成长。

离开家后，主人公去了哪里，遇到了什么事

"逃家小兔"最后没有离开，待在妈妈身边继续吃红萝卜。

阿尔菲走到了自家后院的草丛，进行了一次野

第 2 课 | 独立
每个人都是逃家小兔

炊。这一段短短的距离，是阿尔菲的一次成长宣誓，他进一步理解了成长和爱。

成长是因为他明白了，他的鞋子不再合脚，所以妈妈把它送给别人；成长同样是，阿尔菲接受了自己无法走得更远的事实，因为背包太重了。

与此同时，阿尔菲还更深刻地理解了爱。爱就是，就算他决定出走，妈妈也不会阻拦他，不会朝他大喊大叫。妈妈支持他做尝试，还给了他一个大大的拥抱。

"离家出走"的终点是哪里

许多孩子都幻想过"离家出走"，但大多数孩子都没有真正实践过这件事。因为归根结底，孩子们也知道，重要的不是"离家出走"的想法，而是有这个想法后，我们有了哪些成长，接收到了怎样的关心和爱，以及我们看见了一个怎样的新世界。

> 粲然和你一起读

遇见新世界，遇见自己的心灵

千千万万人都幻想过"离家出走"，而"离家出走"这件事，也有千千万万种方式。日本非常著名的动画电影《龙猫》，讲的是另一种形式的"离家出走"。

小月和小梅两姐妹的妈妈生了重病，住在医院里。爸爸忙于工作和照顾妈妈。在陌生的山间小村，小月和小梅必须自己照顾自己。失去成年人的帮助，独立面对世界的这一段时光，也是一种特殊的"离家出走"。在心灵的孤独和动荡中，小月和小梅遇见了山间的古老精灵——龙猫。

《龙猫》上映后，有人曾经问导演宫崎骏："小月和小梅以后会怎么样呢？"宫崎骏爷爷已经很老了，他微笑着回答说："我不知道她们俩以后会怎样。我只知道，遇到龙猫，这两个孩子一生就得到了救赎。"

第 2 课 | 独立
每个人都是逃家小兔

这个回答是什么意思呢?

实际上,无论什么形式的"离家出走",离开成年人独自上路的孩子都一定会遇到两件重要的东西:其一是新世界,其二是他们自己的心灵。

小月和小梅失去爸爸妈妈的陪伴,在山野世界之中,在她们突然间无依无靠的心里,出现了古老又友好的精灵。她们对精灵毫无保留地相信,意味着她们对大自然、对乡土、对彼此感情的无私信任。学习独立的孩子,只要相信大自然,相信爱,就不会彻底孤独,不会陷入困顿和黑暗。我想,这就是《龙猫》这个故事的重要内涵。

古往今来,大部分孩子"离家出走"的历险故事都有一个光明而美好的结尾。孩子的心灵感受到了温暖,而世界也因为他们的成长发生了真正的改变。这些故事,蕴含着每一代编写故事的人的信仰——相信孩子为了独立而不断成长,相信成长一定会唤来更美好的未来。

我们把这些故事所代表的信仰,称作不朽的"儿童独立精神"。

思考与对话

听到"离家出走"这几个字，你想到了什么

10岁的米尼对"离家出走"的想象有些美好，我不断将现实的问题抛给他，他也开始思考"离家出走"这件事。你也像米尼那样想吗？

粲然：米尼，听到"离家出走"这几个字，你想到了什么？

米尼：一个男孩背着一个塞得满满的背包，走出家门。他妈妈站在门口看着他，微笑着说："太好了，你别回来了。"小男孩也微笑着走了。

小男孩的背包里塞着充电宝和所有最新款的游戏机，还有钱和一大堆零食。他穿过城市，和另一个"离家出走"的男孩会合。他们在丛林里扎帐篷，烧一壶开水，吃着热腾腾的泡面，打着游戏。他们想永远过这样的生活。

第 2 课 | 独立
每个人都是逃家小兔

粲然：你确定"离家出走"的孩子能保持这样的生活状态吗？

米尼：我想，如果他们非常努力地打工赚钱，应该可以吧。

粲然：我们回到你故事的开头，你觉得小男孩离开家的原因是什么？

米尼：当然是他妈妈不让他打游戏，让他一直上补习班，让他拼命学习。

粲然：小男孩离开家，在打工赚钱、自力更生的过程中，会遇到各种各样的大人，见识到整个社会。你认为，这个社会会比他爸爸妈妈更支持他，给他富足又安全的环境，让他随心所欲地打游戏吗？

米尼：没有人管他，他们就可以玩游戏了，但可能得不到安全的环境。因为没有家长的保护，小朋友还是挺危险的。

如何培养会阅读的孩子
粲然的12堂阅读写作课

粲然：所以，米尼，其实你还是可以看出，"离家出走"是有风险的。我能不能这样理解，你幻想着"离家出走"，是希望能痛痛快快地玩游戏，而不是真正想离开家，去面对莫测的世界。

米尼：哈哈，是。

粲然：好，我想再问你，你觉得自己不能随心所欲地打游戏吗？

米尼：其实认真想想，打游戏时间也是够的。

粲然：你看，"离家出走"的想法有时候挺奇怪的。它好像是所有孩子在不满意、不被满足的时候，采取的代替行动，是孩子们在宣泄情绪。古时候的人，在想表达某种超越日常生活的期待的时候，就会唱一首歌，或者手舞足蹈地跳一支舞。现在的孩子，在想表达这种期待的时候，就会想"离家出走"。这些都很正常。我只希望你知道，其实不需要将"离家出走"作为逃离和反叛。妈妈和爸爸都理解你，我们可以用讨论的方式解决问题。我这样说你理解吗？

第 2 课 | 独立
每个人都是逃家小兔

米尼：嗯。理解了。

粲然：对同样有"离家出走"想法的小朋友，你会推荐哪本书给他呢？

米尼：我想推荐《逃家小兔》这本书。这本书里，有一只小兔子想尽办法要离开妈妈，妈妈也想尽办法要陪在它身边。在幻想中，它们一个逃跑，一个追逐，最后小兔子还是决定留在妈妈身边。我觉得这只小兔子是在考验自己的妈妈。它想知道妈妈到底爱不爱它，是不是会永远陪伴着它。小兔子妈妈用自己坚持不懈的态度完成了这次考验。

有些小孩可能会用这样的方式考验大人，但我从来不用这样的方式考验妈妈。因为妈妈对我很好，我信赖她。自打我出生，每天临睡前，妈妈都会跟我们家的佛像说："谢谢你把米尼带到我们身边。"

妈妈说："我们都是经历了很多很多辈子才相遇的老灵魂。"

妈妈还说："我们总是会分开的。正因为这样，要珍惜相聚的时光。"

这就是我看完《逃家小兔》的感想。你看完这本书，会想到什么呢？我也想知道。

一起来创作

"离家出走"的故事

根据我们刚刚分析的"离家出走"的故事的四个关键点，写一篇类似的故事吧！

- 导火索：为什么我想"离家出走"？
- 怎么准备：爸爸妈妈的反应是什么？
- 出走之后："我"独自经历了哪些事，心情有什么变化？
- 终点在哪里："我"为什么再次回到爸爸妈妈身边？

第 3 课

恐惧
为什么会有吓小孩的故事

古往今来，很多人在收集、记录和创作吓小孩的故事。这些故事不仅记录着害怕，可能还记录着悲伤与失去，也可能记录着勇气和爱。

第 3 课 | 恐惧

为什么会有吓小孩的故事

你听过吓小孩的故事吗？

大人说起吓小孩的故事时，总是压低嗓门，眼睛瞪得又大又圆，直勾勾看着你。你听到这样的故事时，会捂起耳朵，大喊："哎呀，不要讲了，好可怕哇！"有些时候，你甚至会害怕得蜷缩起来。可即使你这样喊着，还是忍不住想知道后面发生了什么。

你经历过这样的情景吗？

迄今为止，你觉得最可怕的故事是什么呢？

粲然和你一起读

文明的力量会驱散心灵的阴影

每一代孩子都会拥有自己的吓小孩的故事,有些还源远流长。被吓唬的孩子长成大人了,就用同样的故事去吓唬他们的小孩。他们的小孩长大了,又拿这个故事吓唬自己的小孩……吓小孩的故事就这样代代相传。

吓小孩的故事有多么强大的力量啊!

我还记得小时候,最流行的吓小孩的故事是《虎姑婆》。

很久很久以前,在一座偏僻的大山里住着一对夫妻。夫妻有两个女儿。姐姐十二三岁,妹妹才七八岁,她们都聪明可爱。

有一天,这对夫妻要出远门,特别交代姐妹两个要关好门窗,不能随便给陌生人开门,还说晚一些会让外婆过来照顾两姐妹。这件事被刚巧

第3课 | 恐惧
为什么会有吓小孩的故事

在附近游荡的虎姑婆听到了。

等到天快黑的时候,"外婆"果然来了。虎姑婆埋伏在山林里,吃掉了外婆,之后扮成外婆的样子,来到两姐妹家。姐姐总感觉怪怪的,但是又说不出来为什么,妹妹倒是因为"外婆"来了非常高兴。

晚上熄灯后,妹妹要求和"外婆"睡在一起。半夜姐姐听到声音醒了过来,发现"外婆"坐在床边吃着什么。姐姐问道:"外婆,你在吃什么?"

虎姑婆说:"吃豆子。"

姐姐说自己也要吃,于是拿了一些"外婆"的豆子,结果却发现"外婆"吃的不是干胡豆而是妹妹的一截手指。

姐姐大惊,之后就借着上厕所的名义爬到了家里的阁楼上,故意弄出很大的声音,吓唬虎姑婆。据说,虎姑婆害怕打雷。虎姑婆果然被吓到了,躲在衣柜里不敢出来。

后来,聪明的姐姐就把虎姑婆锁在了柜子里,安全等到了父母回家。而妹妹,从此少了一截手指。

如何培养会阅读的孩子
粲然的12堂阅读写作课

在每个听到或者想起这个故事的晚上,我都会被吓得搂住妈妈,一动不敢动,然后很快进入梦乡。听说,还有些孩子听了这个故事,晚上都不敢吃夜宵,怕吃到了人的手指。

当然,这样的事从来不会发生。

怎么样?你们觉得这个吓唬过很多爸爸妈妈的故事可怕吗?很多孩子告诉我,这个故事已经过时了,老掉牙了,一点儿都不恐怖。因为现在,人们不再居住在人迹罕至的地方。

现在,家长有很多更便捷的保护孩子的方法,比如安装监控,打视频电话,或者给孩子戴上电话手表。

如此一来,有些吓小孩的故事在新的时代就失去了吓人的力量。或者说,随着科学技术的进步,有些心灵的阴影就不再那么令人生畏。这种抵消恐惧的力量,我们称之为"文明"。

这个世界上为什么会有吓小孩的故事呢?第一个创造

第 3 课 | 恐惧
为什么会有吓小孩的故事

出吓小孩的故事的作者,是天下最邪恶的大坏蛋吗?

到了我这个年纪,既做过孩子,也做过妈妈,听过许许多多吓小孩的故事,也在山里的火塘边给许许多多孩子讲过吓小孩的故事,让大伙儿都睡不着觉的我,针对这个话题可能有一点发言权吧。

大人创作吓小孩的故事,未必是想害小朋友。

第一,大人可能想显示一点点权威。有一种"我不怕,你害怕"的优越感,有些大人就想显得比小朋友强。

第二,大人通过故事吓唬小孩,有时候没有恶意,而是因为爱。大人想创造出一些特别的场景,和孩子一起经历。他们制造一些矛盾、痛苦,或者黑暗,和孩子一起品尝和克服。于是,你们可能一起去坐过山车、海盗船,一起闯荡鬼屋,或者在一起讲吓小孩的故事。在这样的场景中,你们彼此会靠得更近,会意识到你们互相需要。从这个角度来看,吓小孩的故事和过山车、海盗船这些练胆子的游乐设施一样,创造了一个特殊的空间,只为让平常生活更加甜蜜。

第三，很多吓小孩的故事本身是应小朋友的要求而诞生的。很多孩子会说"我们要听很可怕的故事""我们要听最最可怕的故事"这样的话。恐惧，从某个角度来说也是推动成长和发展的力量。很多孩子在挑战恐惧、正视恐惧、跨越恐惧的过程中不断验证自己的成长。

一边说着"你们大人最喜欢吓唬小朋友了"，一边想听或者想看有点可怕的故事的小朋友还真是不少！你是不是也是其中一个呢？

粲然和你一起读

了不起的故事，总是关乎人生的真相

一个机械工，用零件组装设备；一个厨师，用菜品组成酒席；我是一个阅读者，我用故事为孩子写童话。

现在，我要拿一个吓小孩的故事当作例子，看看什么

第 3 课 | 恐惧
为什么会有吓小孩的故事

样吓小孩的故事称得上好故事。这个故事来自绘本《我的壁橱里有个大噩梦》。

有一个小孩晚上要自己睡觉。他对自己的卧室非常熟悉,所以每天睡觉前他一定要把壁橱的门关紧。因为壁橱里面有"大噩梦",它会在关灯后跑出来。

有一天晚上,他决定用"枪"彻底干掉壁橱里的"大噩梦"。他关了灯,假装要睡觉,等"大噩梦"偷偷靠近他的时候,他突然"啪"地把灯打开,果然!他看到床上坐着一个长着斑点的大怪物!小孩一面大喊"走开",一面"砰"的一下开了枪。结果,这个"大噩梦"竟然哇哇大哭起来。

大半夜的,小孩担心"大噩梦"的哭声会吵到爸爸妈妈,只好拉起"大噩梦"长着斑点、只有三根指头的手,最后还把"大噩梦"带到自己的床上睡觉。最重要的是,小孩还得去把壁橱的门重新关紧,因为那里面还有一个!如果再出来一个"大噩梦",床就睡不下了。等小孩和第一个"大噩梦"睡着了,另一个怪物也笑眯眯地推开了壁橱的门。这次出来的是一个长着条纹的"大噩梦"。

拆、拆、拆故事

我要像拆解机器一样,把吓小孩的故事拆开,我们来看一下构成这个故事的几个关键点。

认为自己害怕的东西会变成真的

许多孩子都会怕很多想象中的东西,比如楼道里的阴影、梦里的骷髅头、突然出现在门口的一只手。但大人们总会说:"这不是真的,别怕!"

如果故事就是这样写的:有个孩子害怕……大人说"这不是真的,别怕"。

如果故事这么结束,就不是吓小孩的故事了。吓小孩的故事的第一个要素,就是"你认为自己害怕的东西真的存在"!

第 3 课 | 恐惧

为什么会有吓小孩的故事

恐惧就这样开始产生了。

恐怖的东西总是躲藏着，冷不丁才出现

所有的"恐怖"都像和人捉迷藏一样，是冷不丁出现的。你带着一大堆人去寻找它，它会不会堂堂正正走出来，和你们正面对决呢？绝对不会的。

"躲藏"是吓小孩的故事的第二个要素。

要是你害怕的妖怪或者巫婆，每天都光明正大地走在路上，和你爸爸聊股市，和你妈妈讨论护肤，它还恐怖吗？不，恐怖的东西都是躲躲藏藏、蹑手蹑脚的。有很多小朋友说，正是因为恐怖的东西是突然出现的，它才恐怖。我觉得说得太好了。

你也可以这么想，这一要素恰恰证明，恐怖的东西都没有很大的力量，不然为什么它平时要躲起来呢？

像这个故事里的孩子，他很害怕壁橱里的"大噩梦",然而当他朝它"开枪"时,"大噩梦"竟然哇哇大哭。这就说明,当你决定面对你的恐惧,它有可能就会害怕你了。

恐惧具有随机性,它时不时就会来

这个故事的最后部分就说明了这一点。我觉得这正是这个故事最好的地方。它对孩子说了实话。它没有说:"孩子的童年就不应该有害怕,不应该有担心。"

它只是说:"孩子们有了害怕和担心,我们就去面对它。我们能克服它。即使害怕和担心一次又一次来,我们的孩子都是勇士,一定能克服它。"

能谈到这一深度的吓小孩的故事,都非常了不起。因为,它说出了人生的真相。

第 3 课 | 恐惧

为什么会有吓小孩的故事

粲然和你一起读

所有的女巫都是女的

古往今来，很多人在收集、记录和创作吓小孩的故事。这些故事不仅记录着害怕，可能还记录着悲伤与失去，也可能记录着勇气和爱。我印象很深的一个传说，叫"变婆"。

古时候，我国贵州东南部一带，有的女人死后七天，会揭开棺盖破土而出。样子和以前没有什么两样，但身上会散发着腥臭气，也不会说话。她们被称为"变婆"。

变婆从土里出来，还保持着一点点人性，会回到自己家里。回到家里干什么呢？她会继续料理家务，还会给孩子喂奶。家里人想摆脱她，就要带一只公鸡，将公鸡和变婆送到森林里，让变婆看着鸡，然后自己悄悄跑掉。

公鸡很快会挣脱跑掉，变婆为了找回家里的鸡，就在山里四处走，很快忘记来时的路。孤零

如何培养会阅读的孩子
粲然的12堂阅读写作课

  零的变婆会在深山里四处找蛤蟆、田螺之类的东西充饥，跋山涉水，无目的地乱走。日子久了，变婆的形体就会发生变化。有的变成老虎，有的变成熊，再也不是人了。

  这个故事还说，有个猎户打死了一只猛虎。发现虎爪上有一个银镯子，才知道这只老虎是变婆变的。

  读完这个故事，除了害怕，你还感受到什么了吗？我感到了那些做了妈妈的变婆对孩子、对家割舍不下的眷念。我感到难过和同情。

  我非常喜欢的两个经常写吓小孩的故事的大师级人物，一个是罗尔德·达尔（Roald Dahl），他最厉害的一篇吓小孩的故事是《女巫》。另一个是尼尔·盖曼（Neil Gaiman）。他最厉害的吓小孩的故事是《假如我有完美妈妈》，这个故事还被拍成了动画电影，叫《鬼妈妈》。

  这两个故事，你都看过吗？实在太好看了！

  你有没有发现，吓小孩的故事里可怕的人通常都是女

第 3 课 | 恐惧
为什么会有吓小孩的故事

性。达尔在《女巫》里说过一句非常经典的话。他说:"我不想说女人的坏话。绝大多数女人都是可爱的。但所有的女巫都是女的。这依然是事实。女巫没有一个是男的。"

请你认真想一想

为什么《聊斋》《西游记》《女巫》《假如我有完美妈妈》,以及世界上大部分恐怖文学的主要恐怖角色,都是女人呢?

据故事学家和心理学家分析,这是因为孩子和女性在一起的时间最长。他们会看见女性温柔、慈爱的一面,也会看见女性发脾气、满脸怒容的一面。故事的创作者就把发怒的女人写成怪物。这样,孩子们就会调动自己的经验,回想起对"凶妈妈"的害怕,一下子理解了吓小孩的故事。

你认为,故事专家们这样的分析有道理吗?

> 思考与对话

生活中有什么人，
让你觉得像女巫呢

在与米尼的这场对话中，他对欧洲中世纪女巫被迫害事件的看法令我惊讶。他是认认真真思考过这个问题，才会有自己的观点，这在阅读中是非常非常宝贵的。我特别希望每一个孩子都能够在阅读中更多地去思考，有自己的看法，这真的很重要。

粲然：说到女巫，你第一个想起的是什么呢？你可能会想到戴着高高的帽子、顶着一头乱发、骑着飞天扫帚的老太婆；你也可能会想到在黑暗的阁楼中熬制绿油油的汤药的神秘女人，她驼着背，满脸皱纹，一口黄牙。除了这些，生活中有让你觉得像女巫的人吗？她们是好的还是坏的？

米尼：在欧洲中世纪，曾兴起狩猎女巫的行动。当时有无数无辜的妇女被当作女巫杀害。那个时候，有胎记的女人

第 3 课 | 恐惧
为什么会有吓小孩的故事

会被当成女巫；丈夫突然死掉的寡妇会被当成女巫；年老的女人如果看起来很年轻，会被当作女巫；嗓门大、脾气暴躁、身体有残疾的女人会被当作女巫；后来，甚至长得漂亮的女人也会被当作女巫。她们被抓起来，遭到审问和拷打。被认定为女巫的人就会被杀害。猫也被认为是邪恶的动物，是女巫的帮手，惨遭屠杀。这个时期长达 300 年，波及十多万女人。

我觉得这件事非常可怕。狩猎女巫只是个借口，真正目的是惩罚自己觉得不好的人。盲目的判决会带来痛苦，带来不公平。

妈妈说，我 5 岁的时候开始听她读罗尔德·达尔的《女巫》，听了许多遍。现在我 10 岁了，已经看完英文版的《女巫》了。我觉得它很好玩，这本书里的女巫和其他传说中的女巫完全不一样。她们是小朋友真正的敌人。小朋友们喜欢在幻想中树立敌人，然后打败她们。

我发现，我很喜欢让人有点害怕的故事，无论是图书还是电影。有时候因为害怕，我身体都僵住了，但还是会忍不住看下去。我感到好奇心和恐惧在我的身体里打架，但我绝不屈服于恐惧,而是让好奇心引导着我向前走。这种感觉特别好。

《女巫》这本书,应该就会给你这样的感受吧!害怕是正常的,但你不要被害怕击倒,一定要看完。你要和作者一起探索他书里的世界,一起屏住呼吸,一起失败,一起尖叫,一起放弃,一起鼓起勇气,之后一起成功。

粲然:米尼,刚才我听你谈了你对《女巫》的读后感,描述在害怕中阅读的感受。特别好。很多成年人认为不该让孩子感受到害怕,过多的恐惧对孩子来说是心灵的负担。

有时候你看到书中可怕的段落、电影中恐怖的场景,都会吓得好几个晚上睡不好,需要妈妈在身边。我想问你,如果你是图书审判官,你觉得孩子应不应该看"儿童恐怖作品"呢?

米尼:应该根据孩子的"耐害怕能力"做决定。我做了一个表格(见表3-1)。

粲然:米尼,如果让你创作一个吓大人的故事,你会选择

第 3 课 | 恐惧
为什么会有吓小孩的故事

什么样的素材呢？或者说，你觉得大人会害怕什么？

表 3-1　耐害怕能力

能做的事	耐害怕指数	可以读的书
自己睡觉	1 颗星	《女巫》
自己走夜路	2 颗星	《女巫》
在同学被不良少年欺负的时候挺身而出	3 颗星	《鬼吹灯》
自己在半夜看鬼片并自己睡	4 颗星	《活着》
自己进入游乐场的鬼屋	5 颗星	什么都可以看，你最胆大

米尼： 这个问题要看对方是什么样的大人。如果是我妈这种大人，看个《釜山行》，玩个密室逃脱，她就吓得不行了。

但如果是我爸，他就无敌了。他连跳楼机都不怕。我觉得让他上山打老虎，他都不怕。对于他这样的大人，除非把他抓进恐怖的鬼怪世界，不然他是不会害怕的。这是我对大人的观察。

一起来创作

吓大人的故事

1. 如果你是儿童故事王国的大总管，对于吓小孩的故事，你会选择下列举措中的哪一个，给出100字的理由吧。

- 严禁吓小孩的故事诞生。
- 大力提倡生产吓小孩的故事。
- 给吓小孩的故事分级。不同胆量的孩子看不同恐怖等级的故事。

2. 按照构成吓小孩的故事的关键点说明，写一篇吓大人的故事吧。

- 观察：爸爸（妈妈）最害怕的是什么？
- 成真：这件事真的发生了！
- 描述：它是怎么躲躲藏藏的？
- 描述：爸爸或妈妈害怕的样子。
- 结局：你们最终是怎么解决的？

第 4 课

生命
万物有灵且美

人类和动物之间的感情究竟是怎样的？千百年来，作为回答，许许多多作家写出了各种各样的动物故事。这些故事，都指向了大自然，指向了跨越物种的爱，指向了对人和动物怎样生存的思考。

第 4 课 | 生命
万物有灵且美

在很久很久以前，人类和动物都生活在荒野和山林里。后来，人类开始寻找和搭建洞穴，开始种植食物，慢慢地形成了部落，聚成国家。人类的科技发展得越来越快，房子越建越高，人类的头颅也昂得越来越高。人类自称为"高等动物""智慧动物"，把其他的动物统称为"低等生物"。人类和土地、自然之间的联系也越来越少了。

今天，我们接触最多的动物，多半是城市里的宠物。2017 年一份调查报告中的数据显示，中国宠物猫、狗数量达到 8 746 万只。其中宠物狗占比 60%，宠物猫占比 40%。养鱼、养鸟、养爬行动物的人的数量也在直线上升。有些大人不仅养真真正正的动物，还在网上豢养各种电子宠物。总之，对很多人来说，能呼唤出自己的宠物，不管

如何培养会阅读的孩子
粲然的12堂阅读写作课

是电子的,还是真实的,都是越来越重要的情感慰藉。

虽然人们不再像过去一样居住在大自然里,但高楼林立的城市也阻挡不了人们对其他动物的依恋和喜爱。这是什么原因呢?

据说,作为生物链中的一分子,人类天然需要与其他物种的联结。人类需要获得其他动物的爱。和其他动物在一起,会提升人类的幸福感。你同意这样的看法吗?

并不是只有人和人之间才存在着爱,作为人类,也不一定就懂得爱。人和动物之间、动物和动物之间,甚至是世间万物之间,都存在着深深的联结,都有情感流动。世间万物都在互相支持着,帮助彼此获得生活的意义。

人类和动物之间的感情究竟是怎样的?千百年来,作为回答,许许多多作家写出了各种各样的动物故事。这些故事,都指向了大自然,指向了跨越物种的爱,指向了对人和动物怎样生存的思考。

第 4 课 | 生命

万物有灵且美

请你认真想一想

你喜欢动物吗？列出三种你最喜欢、最好奇、最想和它们一起生活的动物吧！

你有没有想过，自己为什么爱这些动物？出于对动物的爱，你愿意承担责任，改变生活吗？

粲然和你一起读

感人至深的一场生命救援

你可能已经听过《西顿动物记》《丛林故事》《黑骏马》这些大名鼎鼎的关于动物的小说了。今天我们要讲的故事，同样也非常动人。

我孩子 8 岁的那个初夏，有一天早上，他看着一本动物小说，突然号啕大哭，扑到我怀里。他被手里的书深深打动了。这本书的名字叫《夏洛的网》。

《夏洛的网》一开头就讲农场主要杀掉小猪

如何培养会阅读的孩子
粲然的12堂阅读写作课

威尔伯,但农场主的女儿弗恩认为这非常不公平。在小女孩的强烈要求和精心照顾下,小猪威尔伯活了下来,并认识了它的好朋友蜘蛛夏洛。

就在威尔伯被养得白白胖胖、开开心心的时候,它突然得知自己将会被做成熏肉火腿的消息。危难之际,它的好友蜘蛛夏洛说:"我救你。"

夏洛用蜘蛛丝在猪栏上织出了人类的文字,比如"王牌猪""了不起"等。人们摸不清这些字是怎么组成的。威尔伯因此成了当地的"大人物"。但如果想活下来,威尔伯还必须赢得秋季的赛猪大奖。

威尔伯未来的命运全靠蜘蛛夏洛。但秋季正是蜘蛛产卵的季节。

夏洛为了产卵已经有气无力,但为了让威尔伯活下来,它拼尽最后的力气织出文字。威尔伯因此赢得了特别奖,而夏洛的生命却走到了尽头……

《夏洛的网》是有史以来最著名的动物故事之一。你觉得这个故事和其他动物故事有什么不同呢?

第 4 课 ｜ 生命
万物有灵且美

在很多动物故事里，作者们为了引发人们喜爱和同情的情绪，纷纷邀请可爱的小兔子、小狗、小狐狸来当主角，但《夏洛的网》没这么做。这个故事的主角，是一只许多人都讨厌的蜘蛛和一只瘦弱的、被人嫌弃的猪。作者 E. B. 怀特（E. B. White）未免太大胆了吧！

这恰恰是《夏洛的网》的厉害之处。故事里的夏洛虽然是不起眼、不可爱的动物，但作者把这样的动物塑造成一个有名有姓、忠诚、智慧、充满忘我勇气的真正的英雄。

你还可以回忆一下自己看过的其他的动物故事。它们通常都是一只小动物遇到了困难，另一只小动物去帮助它。而《夏洛的网》另一个重要的突破，是塑造了一个互助的生态环境。不仅仅是夏洛帮助威尔伯，小女孩弗恩也从爸爸的斧头下救过这只小猪。最后，整个农场的所有动物都联合起来，进行这场生命的救援。

食物链底端的、弱小的动物用自己的勇气、毅力、爱和行动真正影响了站在食物链顶端的人。看似不起眼的生物却蕴藏着蓬勃的生命力，谱写了一首有关救赎的文明之歌。正因如此，弱小的猪才获得生存的权利。蜘蛛夏洛的后代也在每一个春天随风飞向世界各个角落。

拆、拆、拆故事

我要像拆解机器一样,把动物故事拆开,我们一起来看看,动物故事最吸引人的三个关键点是什么。

动物和人之间的关系

我们每个人在生活中都会遇到困难,故事里的主人公们也不例外。在动物小说里,有的时候是人造成了困难,有的时候是人解决了困难。

在《夏洛的网》里,威尔伯因为农场主的决定而险些丧命,又因为小女儿弗恩得救。当动物小说里出现了人,故事就一分为二了,动物的成长和人的成长相互交织。每一个读者都会获得双重视角的阅读体验。

人和人之间的关系

在《夏洛的网》里,弗恩对动物的爱让她能听

第 4 课 | 生命
万物有灵且美

懂动物之间的交流，但大人觉得和动物交流的行为非常古怪。大人想按老办法对待动物，但也在不知不觉中被孩子和动物改变。实际上，无论动物还是人类，为了生存、成长和互相理解，付出的努力都是一样的。

动物和动物之间的关系

在《夏洛的网》中，威尔伯问夏洛为什么要织网救自己。夏洛说："你一直是我的朋友，这件事本身就是一件了不起的事。我为你结网，因为我喜欢你。一只蜘蛛，一生只忙着捕捉和吃苍蝇是毫无意义的，通过帮助你，也许可以提升一点自我生命的价值。"

这段话体现了作者对生命智慧的理解。不管是对人，还是对其他生物来说，除了吃饭、睡觉、工作、学习，生命的价值到底是什么呢？作者认为，是友爱互助，是帮助一切需要帮助的生命，让它们获得生存下去的权利。

请你认真想一想

如果换成你写动物故事，你笔下的动物会是什么呢？你的身边也有需要帮助的"威尔伯"吗？你愿意尝试着成为帮助他人的"夏洛"吗？

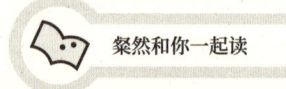

粲然和你一起读

有些书，是动物赋予了它们生命

人类成为人类的时间太久了，久得我们常常忘记了自己也是属于自然的一部分，也只是万物中的一分子。

古时候，有一个可以和所有动物说话的智慧国王，他叫所罗门。很多人说，他有一个魔法指环，戴上那个指环，就能听懂所有动物的话。

也有人认为，曾经每个人都拥有听懂动物语言的魔法。只是后来，人类越来越傲慢，太过相信自己的语言。慢慢地，人类就失去了和其他物种自由沟通的本领。

第 4 课 ｜ 生命
万物有灵且美

你能听懂动物的语言吗？你知道吗？这个世界上，还有一些人坚持和动物进行着深入沟通。

我想向你推荐其中一位。他叫杰拉尔德·德雷尔（Gerald Durrell）。他是特别伟大的动物保护学家，同时也是影响世界的大自然作家。

6 岁，德雷尔就立志建造属于自己的动物园，22 岁，他开始组建采集动物远征队，足迹横跨亚洲、非洲、澳洲、美洲大陆。34 岁，他在泽西岛建造了泽西动物园。他将自己的一生都投入了挽救濒危动物的行动中。

德雷尔认为他一生的传奇成就都要归功于他的童年。在他 10 岁时，他们全家搬到希腊的科孚岛。岛上动植物种类浩繁，自然景色优美。德雷尔几乎每天都要带着他家的狗到岛上探险。他发现了蜘蛛的宝库，见证乌龟们打架，和海豚一起游泳，观察燕子如何养娃……

他还收养了数不胜数的小动物，有鸽子、猫头鹰、水蛇、癞蛤蟆、小马、蝎子等。这些动物在他家神出鬼没，经常把他家人吓得够呛。后来，德雷尔把这段童年故事记

如何培养会阅读的孩子
粲然的 12 堂阅读写作课

录在《德雷尔一家》[1]里。这套书被许许多多小朋友评为"全世界最快乐的童年笔记"。

你有过蹲在路边研究蚂蚁窝,在海滩上寻找小螃蟹,站在夏天的树下观察知了,在雨后捉蚯蚓、捡蜗牛这样的经历吗?如果你有过这样的经历,有过屏住呼吸,接近大自然,接近小动物,并觉得幸福的时刻,你一定能理解 10 岁的德雷尔,一定能理解他笔下人和大自然及别的生物奇妙交织的世界。

德雷尔坚持和动物们在一起,一直活到 70 岁。在他的临终遗言里,他说:

"就我个人来说,一个没有鸟,没有森林,没有各式各样、大大小小动物的世界,我宁愿不要活在其中。"

---

[1]《德雷尔一家》既是一套儿童自然写作范本,更是爆笑有趣的童年故事,其中还有百余种动植物生活习性的精彩描述,是自然观察和科普的宝库。该书中文简体版已由湛庐引进,浙江科学技术出版社于 2024 年出版。——编者注

第 4 课 | 生命
万物有灵且美

如果你喜欢这本书，或是其他类似的书，请记得，是动物赋予了这些书生命，使这些书妙趣横生。动物是没有声音、没有投票权的大多数。它们需要我们的帮助。德雷尔还说：

"我们每个人都有责任，要努力遏制人类对地球的可怕亵渎，我在用我仅知的方法，尽力在做，但我需要你的支持。"

这是一个弥留老人的邀请。每一个动物保护者，都在尽力邀请更多人来帮助动物。动物应该拥有生存的权利，自由自在地生活下去。但有些人并不是这样想的。

粲然和你一起读

天鹅的临终之歌

站在我的办公室窗边，能看到一个小小的海角，这是我小时候生活过的海边。几十年来，这里的大海正慢慢缩

如何培养会阅读的孩子
粲然的 12 堂阅读写作课

小和变色。采沙船、城市排污管道、施工队……轮番改变着它的样貌。几乎不再有人给孩子讲述潮汐和珊瑚，讲述这片海里曾经的白鱀豚。有人说，人类是自然的主人，我们要让大自然为人类服务。也有人说，大地不是我们的财产，我们是大地的子民。你同意哪一种观点呢？

很久很久以前，美洲居住着古老的印第安部落。他们相信，自然生物和大地的一切都是神圣的。后来，欧洲的白人移民到这里，为了获得印第安部落的土地，白人和印第安人开战。最后白人占领了几乎所有的土地，还想用钱买下印第安人手上仅剩的部分。然而，印第安人无法忍受白人破坏大自然的诸多行径。

在谈判桌前，其中一个部落首领——西雅图酋长手指天空，发表了被后人称作"天鹅的临终之歌"的演说。这个演说后来被改编并收录在一本书里。书的名字，就叫《西雅图酋长的宣言》。

他问美国官员："你们怎么能够买卖天空？你们怎么能够拥有雨和风？我们是大自然的一部分，大自然也在我们的生命里。芬芳的花朵是我们的姐妹。熊、鹿和老鹰是

第 4 课 ｜ 生命
万物有灵且美

我们的兄弟。山峰、草原和出生不久的野马，同属于一个大家庭。"

西雅图酋长相信，大地上的一切都神圣不可侵犯。所有的生命互相关联，就像我们流淌着共同的血液。发生在大地上的一切也将发生在大地的儿女身上。

这是近两个世纪前，大自然卫士代表万物，对人类发出的警告。

近 200 年来，人类文明的发展，给我们带来了很大的便利，但也让我们开始尝到苦果。

电力让我们远离了黑暗，同时也带来了光污染，我们很难再像从前一样抬头就看见不同季节出现的星座；汽车为我们代步，空调给我们适宜的温度，但空气污染愈演愈烈，雾霾更加严重；各种各样的塑料制品和垃圾正在污染我们的海洋；大火和砍伐让森林减少，许多动物正加速灭绝。那个有灵且美的万物世界，正在被钢铁世界、智能机器人世界侵占。

如何培养会阅读的孩子
粲然的12堂阅读写作课

请你认真想一想

如果让你给西雅图酋长写一封信,告诉他200年来大自然发生的变化,你会对他说些什么呢?如果你是一个国家的生态环境部部长,为了让环境变好,你会提出什么样的建议呢?

粲然和你一起读

永葆对自然的热爱

十几年前,有一个在乡村工作了50年的动物医生,写了一套和他的动物病人斗智斗勇的故事。这套书在全球销售了上千万册。许许多多的人都把这套书列为他们最喜欢的书之一。这套书里的第一本叫作《万物有灵且美》。作者在书里说:

"活泼的生命完全无须借助魔法,便能对我们述说至美至真的故事。大自然的真实面貌,比起诗人所能描摹的境界,更要美上千百倍。"

第 4 课 | 生命
万物有灵且美

实际上，要论对大自然和万物的爱，以及对其的理解和保护，小朋友们一直做得比我们这些大人好得多。希望你能像德雷尔、西雅图酋长一样，保持着对动物、对大自然的好奇和热爱，保持着守护热爱的勇气和责任感。只有这样，地球的未来才会越来越好。

拜托啦！一起努力吧！

思考与对话

你真的了解自己生活的地方吗

和思彤聊起关于动物的话题时，她的眼中总是有光。我能感受到，她真的把那些动物当作自己的朋友，自在地和它们相处。并不是所有的孩子都有这样的"自由"，但爱护动物、爱护它们所栖息的自然环境是我们都能做到的啊！

粲然：思彤，听说你和双胞胎姐姐是养动物大户，能说说

如何培养会阅读的孩子
粲然的 12 堂阅读写作课

你们从小在家养过哪些生物吗？

思彤：我们养过无数条鱼、一只蝎子、一只毛毛虫、一只蜻蜓、一只狗、两只青蛙、三只蝴蝶、三只鸡、五只鸟、十几只蚂蚁、无数只独角仙，还有螃蟹、乌龟、仓鼠、兔子、蝌蚪、白玉蜗牛、金龟子、西瓜虫……可能还有一些，我忘记了。我们养的好多甲虫都是原来在三五锄古山重夏令营带回来的。

粲然：你们家是动物园吗？你们把它们养在哪里呢？

思彤：我们会尽量给这些动物提供接近自然的环境。像我们家的白玉蜗牛就是放养在花盆里，不过有的时候我们会把它放到地球仪上，让它去周游世界。我们家有一盆睡莲，我们就把乌龟放到睡莲的盆子里。它们想干吗便干吗。我们还养过水母，水母要生活在盐水里。那只水母很小，我们就把它养在杯子里，它在盐水里就化成水，到海里就又变成水母，后来我们把它拿到筼筜湖去放生了。

我们还养过两只泥鳅，超级原生态的。我们把它们放在花瓶里，那个花瓶长了一层超漂亮的青苔。泥鳅小的时

第 4 课 | 生命
万物有灵且美

候大概只有一根手指那么长。它们在花瓶里自生自灭，后来其中一只好像被另一只吃掉了。

粲然：你们是抱着什么样的心情在养这些小动物呢？

思彤：我们养动物，其实就是希望能给动物最好的环境。我们有一只养了两年的小仓鼠，后来送给别人养，才一个晚上就冻死了。我们班上有好多同学养仓鼠，但是都没养几天。我觉得他们不叫养仓鼠，应该叫送仓鼠才对。不过有一个同学很厉害，他们家养了一公一母两只仓鼠。他们全家去旅游的时候，仓鼠还生了小宝宝，也不知道是因为他很会养，还是仓鼠自己生存和繁殖能力太强。不过后来他们把小仓鼠送给别人，结果那些人又把仓鼠养死了。这么看来还是他会养。

粲然：你们养了这么多种类的生物，如何知道要怎么养它们呢？

思彤：我们如果做一件从来没有做过的事，就会提前去做一些研究。饲养知识有的是在动物园里听的，有的是宠物店老板告诉我们的，还有一些是从书上看的。我姐姐记书

如何培养会阅读的孩子
粲然的 12 堂阅读写作课

上的那些专业名词和专业方法很快,她能记住书上说的那些办法。

粲然:养动物的过程中发生过什么有趣的事吗?

思彤:我们家之前养的小狗,它特别小,都找不到合适的牵绳。每次我们带它出去散步,稍不注意,它就往家跑。它不愿意散步,但我们的妈妈还总是让我们带它散步。它一往家跑,我们就只好追它。我们之前养蝴蝶,我姐把蛹放在衣服口袋里,结果有一天上体育课,她抖衣服的时候,蝴蝶从里面飞出来,老师和同学都傻眼了。

粲然:能在家里养这么多生物,看来你们的父母是比较支持你们的。

思彤:对,他们对小的生物没什么意见,但对一些有毛的体形很大的动物,就会提出一些反对意见。我们家奶奶的意见很大,奶奶一直在反对。因为我们养动物的过程中,有一半的工作是奶奶在做,另外一半的工作是我们自己做。

粲然:你们以后还想养什么动物吗?

第 4 课 | 生命
万物有灵且美

思彤：我不一定，我的姐姐想养猫。我之前跟姐姐讲过一个关于猫的故事，说上帝拿了一根手杖给亚当和夏娃，当亚当用手杖敲击海面，就会创造出善良的动物；如果是夏娃用它敲击海面，就会创造出邪恶的动物。世界上的动物越来越多。有一天，亚当和夏娃争抢手杖，同时用它击打了一下海面，结果出现了一种新的生物——猫。

粲然：推荐一本你最喜欢的描写动物的书吧。

思彤：今天我要推荐的书是《德雷尔一家》，书里的这个男孩 10 岁左右，他们家也养了超级多的动物。

有一次，他找到了一只又胖又大的母蝎子，发现在母蝎子身上趴了一大群蝎子宝宝。

他高兴地将母蝎子和宝宝装入一个火柴盒带回家。结果，他哥哥拉里要用火柴点火，拉开火柴盒的时候，母蝎子爬到了哥哥的手上。

拉里吓得大手一挥，把母蝎子甩到了姐姐和二哥两人中间，小蝎子则散得到处都是。杰拉尔德形容说，他姐姐发出了足以令任何火车引擎都感到惭愧的尖叫,为了阻挡蝎子靠近,姐姐还不小心把杯子里的水泼到了妈妈的身上,全家乱成一团。

这本书里有超级多这样看了让人哈哈大笑的片段,我想你也一定会喜欢。

> 一起来创作

变成动物的一天

假如给你一天的时间,能变成任何一种动物,你想变成什么?变成动物的这一天,你会去做什么呢?以动物的视角来写一写你的这一天吧!

第 5 课

财富
怎样过上富足快乐的生活

一个人人生的早期经历，决定了他能不能好好地和金钱打交道。当一个人还是孩子的时候，他怎么认识金钱，怎么对待金钱，会影响到他长大能赚多少钱，过上什么样的生活。

第 5 课 | 财富
怎样过上富足快乐的生活

过春节的时候，你一定收到过压岁钱吧！

收到压岁钱的时候，你一定很开心。给你红包的大人也很高兴。当他把红包递给你，你用双手接住，并且对他说出"金光灿灿"的祝福语，比如"恭喜发财""财源滚滚"时，大人简直笑得合不拢嘴了。

因为小朋友的祝福是很灵的！

也许你会说，我的祝福那么灵，我也要祝我自己有很多很多钱。

非常好。你祝福了大人，也祝福了自己，祝福的力量是很大的。

在这一章里,我要和你分享四个关于富足并快乐生活的秘密。这四个秘密并不是我发现的。第一个秘密来自世界上最厉害的哲学家和经济学家,他们都是最懂钱的人;第二个秘密来自一只会说话的小狗;第三个秘密来自一个士兵;第四个秘密来自一个老婆婆。这四个秘密非常重要。我是长大后才知道的,如果有时间穿梭机,我真想回到小时候,把它们告诉小时候的自己。

粲然和你一起读

钱是好的还是坏的

我小时候听过的关于钱的故事里,那些非常爱钱的人,他们的结果并不会太好。其中有一个故事,叫《渔夫和金鱼》。

很久以前,有一个老头儿和他的老太婆住在

第 5 课 | 财富
怎样过上富足快乐的生活

蓝色的大海边。他们的房子是一座又破又旧的小泥棚。老头儿天天撒网打鱼，老太婆天天纺纱结线，日子过得非常穷苦。

有一天，老头儿网到了一只金光灿灿的小金鱼。这只金鱼求老头儿把它放回大海。它说："只要我能恢复自由，你提出什么愿望我都能帮你实现。"

老头儿非常善良，没有提要求，把金鱼放回了海里。

老太婆知道后，就骂老头儿："你怎么那么傻啊！我们家的木盆快破了，你去跟金鱼要个新木盆吧。"

老头儿就去海边呼唤金鱼，金鱼满足了老太婆的要求。

老太婆又骂老头儿笨。第二次，她要一座木房子。金鱼把小泥棚变成了一座木房子。

第三次，老太婆说："我要做有钱的贵妇人。"金鱼变出了高大的楼房，还有许多的珍珠和宝石。

第四次，老太婆的愿望是"要当个自由自在的女皇"。金鱼变出一座金碧辉煌的宫殿。老太

如何培养会阅读的孩子
粲然的12堂阅读写作课

婆达成愿望后,派士兵把老头儿赶了出去。

第五次,老太婆"要当海上的女霸王",并且要金鱼永远听她的话。

这一次,金鱼不但没有答应她的要求,还收回了以前送给她的一切。

老头儿回来一看,他们的房子还是破泥棚,老太婆的面前还是那只破木盆。

这个民间故事被俄国的大作家普希金记下来。全世界许许多多的孩子都听过。

在我们中国也有一句话,叫作"贪心不足蛇吞象"。有人这样解释这句话:蛇那么小,却想把一头大象吞掉,就像人想要更多的钱、更多的利益。人太贪心了,永远不知满足。

请你认真想一想

《渔夫和金鱼》,又或者是"蛇吞象"这样的故事,你听了有什么感受呢?会不会觉得有点儿可惜,有点儿担心,害怕,或者困惑。想过上更有钱的生活到底对不对?想要更多的钱,是不是就一定是不好的事情呢?

第 5 课 | 财富

怎样过上富足快乐的生活

我要揭晓的第一个秘密，是世界上最厉害的哲学家和经济学家发现的。一开始，他们研究和讨论，钱是好的还是坏的。最后大家都认识到：钱是中性的。

"中性"是什么意思呢？就是说钱既不好也不坏。它就像一个杯子，若盛上水和饮料，喝起来就是甘美的。但若盛满毒药，就会给喝掉它的人带来可怕的后果。拥有钱财会造成什么样的后果，要看金钱的主人打算怎么使用它。

一个人如果怀着好的心愿，就会把钱用在好的地方，就像爸爸妈妈照顾家庭，家人都觉得很幸福；大家一起买运动鞋去跑步，会获得健康；或者好心人捐助受疾病困扰的人，帮助修建学校，社会就会越来越好。

但如果是坏人，他们会把钱用在坏事上，比如小偷购买用来偷窃的工具，或者有人拿去赌博。这样使用钱财，就会带来灾祸和悲伤。

乐观向上的人有了钱会更幸福，而总是心情沉重、对生活有很多抱怨和不满的人，可能越有钱越烦恼。

金钱本身无所谓好坏，它的价值在于你用它来做什么。它的好坏取决于你。

一个人人生的早期经历，决定了他能不能好好地和金钱打交道。当一个人还是孩子的时候，他怎么认识金钱，怎么对待金钱，会影响到他长大能赚多少钱，过上什么样的生活。

> 粲然和你一起读

如何让财富增值

读到这里，你可能会急着点头，说："我是一个好人。我一定会用钱做好事。这样我就一定能赚到很多钱吗？"

然而，仅仅有美好的心愿，你离赚到钱依然有很长的距离。到底怎样才可以拥有更多的钱？

第 5 课 | 财富
怎样过上富足快乐的生活

请你认真想一想　你能想到的赚钱方法有什么？

有的孩子说："我有一个有钱的爸爸，或者我有一个能干的妈妈。他们赚钱，家里就会有更多钱啦！"

有的孩子说："要是钱可以像玩游戏时那样从天上掉下来，我就在下面跑来跑去接住它们，多好呀！"

有的孩子说："我想要传说中的神灯，哈一口气，摩擦一下，'咻'地出来一个灯神。它可以满足我所有的愿望。或者我发现了海盗的藏宝图，这样就能获得所有的神秘宝箱！"

有的孩子说："我把所有的玩具都卖掉，不就可以赚钱了吗？或者我干脆像大人一样去上班，总可以赚钱吧！"

还有孩子说："我当一个发明家，发明不得了的东西。将它卖给所有人，我就能赚钱。"

如何获得财富？这里，我要说第二个秘密了。

如何培养会阅读的孩子
粲然的12堂阅读写作课

这个秘密来自一只非常神奇的、会说话的小狗，被记录在了一本叫《小狗钱钱》的书里。

一个叫吉娅的普通女孩救了一只受伤的白色小狗，给它起名为"钱钱"。吉娅的爸爸妈妈总是为钱烦恼，因此，吉娅的童年也充满了关于钱的困惑。

突然有一天，小狗钱钱开口对她说话了！

吉娅发现，这只小狗是个真正的理财高手。于是，钱钱就成了吉娅的第一个金钱老师，教吉娅怎样正确地和钱"打交道"。

小狗钱钱在第一堂课上说："我可以告诉你一些金钱的秘密和法则，但你必须真的渴望变得富有，先列出10个愿望吧。"

吉娅第一次认真思考了自己的愿望。吉娅的财富愿望是：

- 可以坐飞机去美国读书。
- 买最好的笔记本电脑。
- 帮爸妈还清债务，让家里不欠钱。

对一个12岁的女孩来说，这些愿望充满了挑战。还好小狗钱钱教给她许多方法，比如做一

第 5 课 | 财富
怎样过上富足快乐的生活

本"梦想相册",贴上与梦想相关的照片,每天看一次,想象自己实现梦想的样子;为每个梦想准备一个"梦想储蓄罐",开始往里面存钱。

还有其他有用的办法:每天都记"成功日记";了解自己在哪些方面做得好;多鼓励自己。

慢慢地,吉娅发现,除了小狗钱钱是她的老师,她还可以跟身边的很多人学习赚钱的方法,包括自己的表哥、当地的有钱人、大富翁,而且每个方法都很有效。

吉娅变得越来越勇敢和自信,甚至还帮助了爸爸妈妈。

每一次学习她都很开心。她一次次地克服困难,越来越好,钱也越来越多。而这一切,都是从小狗钱钱跟她说话,教她认识金钱开始的。

在吉娅一步步实现梦想的时候,钱钱完成了自己的使命,成功帮助主人学会了更聪明地和金钱打交道。从此以后,钱钱再也不说话了,它只是"汪汪"叫,变回了一只普通小狗。

在看这本书的时候,我想,吉娅真是太幸运了!她怀抱着赚钱的心愿,能把心愿付诸实践,最后获得成功。小

如何培养会阅读的孩子
粲然的12堂阅读写作课

狗钱钱告诉我们的秘密，就是要有梦想。

无论你眼中自己的家庭是怎样的，有钱还是没钱，都一定要给自己一个梦想。无论是大人，还是小孩，都要有梦想。为了实现梦想，要想办法拥有更多的钱。

我有一个朋友，在新的一年里，想买一套房子。

你知道吗？对大部分的人来说，房子应该是人生中最昂贵的商品了。我的朋友刚开始根本不敢去想，或者说，粗略想过，羡慕过，但不敢认真地做梦，认真梦想自己真买得起一套房子。

我读懂了她的心，于是我就像小狗钱钱一样，对她说："你在这个城市工作，要有一个目标。你这么喜欢这个城市，就应该买一套房子，拥有自己的家。"

我的朋友大吃一惊。因为和许多人一样，她觉得梦想应该藏在心里，不应该马上实施，但我把她的梦想大声喊了出来，鼓励她做出行动。从现在开始，每一天都要考虑做些什么，为实现梦想而努力。

第 5 课 | 财富
怎样过上富足快乐的生活

这是第一步，找到梦想，让梦想成为你的目标。

接下来，我引导她，对她说："你在各种找房网上搜索，找一套房子。这套房子必须符合这样的条件：你看着它的样子，幻想自己付出努力后，住在里面，每一天都会幸福。"

这是第二步，建立自己的"梦想相册"。

一定要有非常具体的想象。它在哪里？房间长什么样？桌子椅子怎么摆放？清晨的阳光从哪里照进来？想得越详细，越逼真，想象对你潜意识的影响就越重大。

我的朋友真的在网上找到了心目中的"梦幻小屋"。她非常高兴地拿给我看。房子有个小阁楼，有一扇圆形的窗户，蓝色的客厅朝着花园。

我的朋友每天都上网看看它。然后，她工作变得特别努力，还主动承担了新启动的项目。因为她要赚更多的钱，让自己住在喜欢的房子里。

如何培养会阅读的孩子
粲然的12堂阅读写作课

眼看她离梦想越来越近。可是有一天，她又跑来跟我说，房子涨价了！超出她预想的价格。怎么办呢？我又变成小狗钱钱，为她谋划下一步。

第三步，要把梦想说出来，告诉更多的人。

很多人不好意思把自己的梦想告诉别人。怕别人对你的梦想不置可否，也怕梦想不能实现，结果被人取笑。你要说出梦想，大声说出梦想，把梦想告诉更多的人。你要坚定，要有勇气。就像是在雾气弥漫的暗夜里，点亮孤岛上的灯塔。只要持续发出信号，一定会有许多支援的船只陆续抵达。

我的朋友试着联系了房东，拿她对"梦幻小屋"的记录给对方看，告诉对方她的努力。她还专门写了一份"买房融资声明"，列出投入和收益，寻求爸爸妈妈的帮助。大家都被她的诚意打动了，拿出行动帮助她。大家的帮助就像是硬币，一个接一个地投入了她的"梦想储蓄罐"。

后来有一天，我的朋友告诉我，这个春天，她就可以住进自己的房子啦！

第 5 课 | 财富
怎样过上富足快乐的生活

这是《小狗钱钱》的魔法。它既能帮助大人,也能帮助孩子。因为它呈现了实现梦想的根本法则和唯一路径:梦想可大可小,但都值得尊重。重要的是你找到它、相信它、把它说出来,然后坚定地为实现它努力。

请你认真想一想

你的那些与金钱有关的梦想是什么呢?有的孩子想拥有自己的电脑,有的孩子想参加自己喜欢的营地活动,有的孩子想再去一次迪士尼……你想将梦想告诉谁?你又该怎么实现自己的梦想呢?

无论如何,请你坚持自己的梦想。因为正是你的梦想,以及坚持实现梦想的毅力,决定了未来世界能有多美好。

粲然和你一起读

梦想操作图

有一天,我把朋友买房的事告诉一位小朋友。她叹了

如何培养会阅读的孩子
粲然的12堂阅读写作课

口气说:"你的朋友挺幸运的。很多人,包括我爸、我妈和我自己,即使为自己的梦想做了所有的努力,仍然不能成功。"

不能成功?我点点头说:"这很正常。然后呢?"

"然后?"那个孩子又说,"就是互相抱怨啊!我爸怨我妈爱花钱,我妈怨我不听话,我怨他们不够努力。我们一家人每天都在吵架,越吵架越不想干活,不想学习。有梦想反而让我们一家人更不幸福。"

暂时达不成梦想,于是人们抱怨、推诿、偷懒,甚至哭着说"再也不要有梦想了"。这样的事,曾经发生在我们大部分人的人生中。

我也有过这样的时候。每当这时候,我就跟自己说一句咒语,这句咒语是一本书的名字。这本书叫《把信送给加西亚》,是基于真实的故事撰写的。

美西战争爆发前,美国总统必须立刻跟起义军首领加西亚将军取得联系。然而,此时加西

第5课 | 财富
怎样过上富足快乐的生活

亚正身处辽阔的丛林中,没有人知道他确切的藏身地点,根本没有办法送信给他。这时,有人对总统说:"如果有人能把信送给加西亚的话,那这个人一定是罗文。"于是,总统派人找到了罗文,并交给他一封写给加西亚的信。罗文接过信之后,并没有问:"他在什么地方?他长什么样子?怎样才能找到他?"罗文只是把它装进一个牛皮纸袋里,封好袋子,将之藏在胸前。经过三个星期的徒步跋涉,穿过一整个危机四伏的国家,罗文最终顺利地把那封信交给了加西亚。

《把信送给加西亚》的作者认为,虽然在浩瀚的历史之中,罗文只是个名不见经传的士兵。但我们恰恰应该为这样的人塑造丰碑,在所有学校里传扬他的精神。因为,孩子们不仅要学习书本上的知识,更要知道完成愿望是需要使命感的。我们从这个故事中看到,要达成使命,需要养成主动思考的思维习惯,拥有莫大的勇气和不屈不挠的精神。

这就是我要跟你分享的第三个秘密。

想要完成梦想，你就要减少抱怨，不停鼓励自己，让自己也能成为"把信送给加西亚"的人。

请你认真想一想 你为无法达成梦想而抱怨过吗？你听到过怎样的抱怨？把这些抱怨写在纸上，把纸张揉成团，投到垃圾桶里吧！

粲然和你一起读

财富并不只是钱，幸福不只是有钱

说到这里，也许你会困惑。如果说梦想和金钱紧密相关，财富是通向幸福的路径，那么贫穷的人是不是就不能有梦想，也不能得到幸福呢？

不是这样的。财富听起来像是"金钱"，但它所指的，并不只是金钱。金钱是幸福的某种保证，但不是幸福的唯一基础。

第5课 | 财富
怎样过上富足快乐的生活

为了说明这个观点,我要讲一个非常受孩子欢迎的故事。这个故事叫《佐贺的超级阿嬷》。

有个叫佐贺的小男孩,从小失去父亲。忙于工作的妈妈把他送到外婆家。他和外婆一起生活了8年。

虽然穷得叮当响,可是小男孩的外婆却是神奇的人。比如,她出门的时候会在腰上绑绳子,绳子另一头绑着磁铁,拖在地上。外婆出去走一圈回来,磁铁上就吸着很多的钉子,还有其他废铁。她把这些废铁拿去卖了换钱。

家门口有条河,外婆就用木棒拦住河面,拦住了从上游漂下来的被丢掉的蔬菜,比如萝卜、菜叶、小黄瓜等。这些东西便成了家里的食材。外婆管这条河叫"超级市场"。

外婆面对贫穷,非常坦然,从不觉得不好意思。家里有很多东西都买不起,甚至连小男孩的泳裤都买不起。不过外婆说:"游泳不是靠泳裤,靠的是实力。"

小男孩不擅长考试,有一次他对外婆说:"对不起,每一科的考试成绩都是低分。"

如何培养会阅读的孩子
粲然的 12 堂阅读写作课

外婆笑着说:"不要紧,不要紧,加起来,就有 100 分啦!"

小男孩从来没见过这种算分数的方法,他问:"不同科目的成绩也能加在一起吗?"

这回,外婆严肃而果断地说:"人生就是总和力!"

这句话给了小男孩非常大的支持。后来,他成了著名的喜剧表演家、作家。

用现在的话说,小男孩完全是"逆袭",完全改变了原来贫穷的状态,变得有钱、有名。他写的童年回忆录《佐贺的超级阿嬷》,也深深地感动着读到这些故事的人。

你能想到"穷得很开朗"的佐贺的超级阿嬷的样子吗?

她的头发已经白了。衣服虽然旧、便宜,但是干净、整洁。看到她的人都会尊敬她。她家里的食物不贵,但是他们珍惜食物。虽然生活有困难,但是她告诉小男孩"笑容是宝"。他们出门时都会带着笑容,很精神地和别人打

第5课 | 财富
怎样过上富足快乐的生活

招呼，得到了大家的喜爱。

她教小男孩要关心别人，鼓励小男孩发挥自己的优势，要自信，让小男孩内心一直都很有力量、很温暖。他长大后之所以能取得成功，正是因为有这些品质。

许多人都爱这位"超级阿嬷"，"穷"对她来说，不是什么可怕的事。她不怕"穷"，不是向"穷"认输，不是被"穷"打败，而是改变心态，在生活中发现生命的意义。

这也就是关于"富足快乐的生活"的第四个秘密：幸福与钱多钱少没有很大的关系。金钱并不是唯一能让人幸福的东西。

总而言之，我们要记住，钱不好也不坏。要让财富增值，我们需要确立自己的梦想，承担自己的人生责任。让我们怀抱勇气，奔向幸福的生活。从现在起，学着和金钱交朋友，开启自己富足快乐的人生吧！

如何培养会阅读的孩子
粲然的12堂阅读写作课

思考与对话

金钱是唯一能让人幸福的东西吗

你也像10岁的男孩启航一样赚过钱吗？你是如何赚到钱的？你会把钱存起来，还是花掉呢？你怎么看待财富和幸福的关系？一起来听听启航怎么说。

粲然：你第一次赚到钱是几岁呢？是怎么赚到的？给我们讲讲吧。

启航：我第一次赚钱是二年级的暑假。我帮忙做家务，妈妈就会给我钱。洗碗两块钱，扫院子五块钱。一开始挺有趣的，但坚持下去需要耐心和力气。我洗碗的时候看到弟弟在旁边看动画片，就被吸引过去一起看，就没有洗碗了。

粲然：听起来你有蛮多赚钱的经历的，哪些经历会让你印象深刻呢？

第 5 课 | 财富
怎样过上富足快乐的生活

启航：印象深刻的经历是我参加三五锄的夏令营，当营地小助手，有很多种工作要做。我做的事是帮别人盛饭。我会按别人的要求盛饭，比如有人说要两个鸡腿，我就给他两个。盛饭盛得好，别人都给我五星好评。

粲然：这和你在家帮忙洗碗很像呀！为什么这个经历你会更喜欢呢？

启航：我喜欢帮同龄人。我跟他们更亲近一点。

粲然：你觉得你身上有什么特点，能帮助你未来获得更大的成功？

启航：我觉得我有很好的特点。我有领导力，以后还要继续锻炼这种能力。我做事效率很高。上次三五锄营地要发货，我来帮忙折盒子，我是那个折盒子小组的第一名。

粲然：你认为你身边有哪个人挺成功的？他有什么特点？

启航：我的爸爸。他的特点就是会慎重地考虑事情。他能思考得很周全，想到各种可能的后果。他经常和人谈事

如何培养会阅读的孩子
粲然的 12 堂阅读写作课

情,签合同,不会很随意地做事。

粲然:你身边的人,你觉得谁过得最开心、最幸福,你观察到他的幸福有什么表现?

启航:米尼。我观察到他的爸爸经常陪伴他。我爸爸最近老是出差。还有,米尼的爸爸是一个著名的翻译家,妈妈是一个成功的作家。我觉得米尼非常幸福。

粲然:你和米尼是非常好的朋友,很奇怪的是米尼也说过这样的话,他说:"我告诉启航妈妈,你家好大啊!你们真是太幸福了!我家比你家小,我们一定是穷人。"

当时你的妈妈回复米尼说:"你家不穷,你家把财富用来做很有意义的事,你妈妈创办了三五锄。"

现在我也想告诉你,我也觉得启航的爸爸妈妈很了不起。启航的爸爸了解商业,启航的妈妈是瑜伽高手。每个人都有别人没有的长处。这些长处是自己的财富,是带来幸福的契机。羡慕别人的长处是很正常的心理,但能把握自己的长处,进而把握自己的幸福,才是最了不起的。我

第 5 课 | 财富
怎样过上富足快乐的生活

这样说，你理解吗？

启航：是的。

粲然：那你的幸福呢？最近有哪件事情让你觉得很幸福？

启航：最近的快乐就是晚上在家举行迷你读书会。我、妈妈和弟弟一起读书，发表读后感，讲讲书里有什么道理，我们的感想是什么。你可以理解别人是怎么想的。

粲然：真的很不错，你希望这样的读书会持续多久呢？

启航：我希望持续一辈子。

粲然：给我们推荐一本有关财富的书吧。

启航：我喜欢《佐贺的超级阿嬷》这本书。我以前读过，最近又读了。

　　这个故事里面有很多有趣的情节，比如阿嬷家很穷，吃不到好东西，只能吃家旁边的河里每天漂下来的水果和蔬菜。她很穷，但是只要基本需求得到了满足，她就觉得很幸福。

阿嬷还认为，穷分为两种，穷得自卑或者穷得开朗。她和佐贺就穷得开朗。他们能一直保持乐观向上，于是就能获得幸福。他们虽然很穷，但依然取得了很大的成功。我还学到了，不要老想着自己没有什么东西，要想想自己有的东西。

我觉得佐贺有这么好的阿嬷，真幸福。

一起来创作

梦想清单

1. 请你写下三样能让你感到幸福、快乐的东西或事情，也请你的爸爸妈妈写下三样，大人和小朋友相互聊一聊自己写的东西要怎么获得，并记录下来（还不会写字的孩子，请爸爸妈妈帮忙写下来）。

第 5 课 | 财富
怎样过上富足快乐的生活

2. 请从你的 10 个梦想中挑出一个你认为最重要的梦想，把它写下来，或是画出来，然后把它贴在家里最显眼的地方。同时，请你为它准备一个梦想储蓄罐。和爸爸妈妈一起来讨论一下怎么做才能实现这个梦想。列出这个计划的实现步骤吧！

第 6 课

容貌
你照过白雪公主后妈的
专用魔镜吗

魔镜所说的，不一定是真相。即使是真相，也只是真相的一部分，是可以改变的真相。永远看见和相信自己的独特之处，是心灵变得强大的重要秘诀。当你内心强大时，这个"看脸的世界"就会被你改变。

第 6 课 | 容貌
你照过白雪公主后妈的专用魔镜吗

你喜欢照镜子吗？照镜子的时候，你会对自己说什么？

有人会对镜子说："看看我的脸干不干净。"

还有人会对镜子说："哇，我可真好看！"

还有人会沮丧地看着镜子说："啊！我不喜欢镜子，我不想照镜子！"

我的孩子发现，我是个非常喜欢照镜子的人。我每天要花很多时间照镜子。我随身带着的皮包里总是装着小镜子，我的办公桌上也放着镜子。甚至我走在路上遇到反光的消防栓镜面、汽车后视镜，我都要笑眯眯地凑过去照半天。

我的孩子问我:"你为什么要一直照镜子?"

我理直气壮地说:"因为镜子总会对我说'你真美''你太美了',我喜欢听这样的话!"

你的镜子对你说过什么话呢?

粲然和你一起读

"看脸的世界"真的存在吗

关于人和镜子交谈从而改变命运的事,我们每个人在很小的时候,就在著名的童话《白雪公主》里读到了,并且感受到了镜子的威力。

  白雪公主的后妈长得非常美丽。她每天都要问自己的魔镜:"魔镜啊魔镜,谁是世界上最美的人?"
  一开始,魔镜总是回答她:"王后,您就是

第 6 课 | 容貌

你照过白雪公主后妈的专用魔镜吗

世上最美的人。"可随着白雪公主的长大,魔镜改口说:"白雪公主才是最美的。"魔镜的话引起王后对公主的巨大仇恨。她甚至想杀了公主。

你能理解王后的心情吗?

实际上,《白雪公主》这个故事说的,以及我接下来要讲的,都不是"照镜子"这个日常的行为,而是行为背后蕴藏着的某些重要心理。你怎么看待你的外貌?你照镜子时会肯定自己,夸镜子里的自己"真好看",还是会否定自己,觉得镜子里的自己"丑极了"?别人对你容貌的评价会强烈地影响你吗?如果一个人像魔镜一样,突然告诉你,有人比你更好、更美、更吸引人,你会怎么想?会嫉妒、焦虑、自卑,还是认为这个人纯粹是胡说八道,或者觉得别人的评价很平常,没什么好介意的?

科学家和心理学家研究发现,人的一生会花费许多时间在照镜子上,男性的平均时长是 8 个月,女性的平均时长是 2 年。"花时间照镜子"的行为和"容貌需要确认和肯定"的心理是紧密关联的。虽然女性照镜子的时间比男性长,但并不是说男性就不在意容貌了。相反,许多男人

如何培养会阅读的孩子
粲然的12堂阅读写作课

也会担心自己不够高、不够有力量，陷入自卑情绪中。

发现自己的外在不够好，所以心里冒出了各种坏情绪。人们把这样的感受统称为"容貌焦虑"。

你有过容貌焦虑吗？要知道，这是非常普遍的心理。希望自己好看，受到欢迎，进而希望自己被爱，这是人的本能。然而，过度的容貌焦虑也会像《白雪公主》的故事中所讲的那样，引发一些不好的事、一些悲剧。在这一章里，我就要和你说说与容貌焦虑有关的故事。

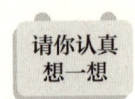

> **请你认真想一想** 回忆一下你照镜子的时候会跟自己说什么？采访爸爸妈妈，他们照镜子的时候都在想些什么呢？

不知道从什么时候开始，世界上流传着这样的说法，好看的人更受欢迎。你同意这样的说法吗？你觉得它是对的，还是错的？

也许很多大人跟孩子说过，做个好人，比长得好看重要多了。但实际上，在一本非常有趣的成年人读物中，作

第 6 课 | 容貌
你照过白雪公主后妈的专用魔镜吗

者认为外貌的确是非常重要的影响力武器，这本书叫《影响力》[①]。书里说，经过千百年的考证，如果别人喜欢你的样子，的确就更容易答应你的要求。

换句话说，人们总会认为好看的人也更善良、聪明、有才华，或者拥有其他美好的品质。因此，好看的人更容易得到帮助，也更具说服力。"看脸的世界"真的存在。

> 絮然和你一起读

魔镜所说的，不一定是真相

从另一个角度说，不好看的人，似乎都有过自己的精神历险。

[①]《影响力》是社会心理学领域的经典作品，被称为该领域的"现代汉语词典"。书中介绍了影响他人的 7 大基本原则，为读者解释了为什么有些人具有说服力，有些人为什么总是容易上当受骗。该书中文简体版已由湛庐引进，北京联合出版有限公司于 2021 年出版。——编者注

如何培养会阅读的孩子
粲然的 12 堂阅读写作课

有一些创作者为"长得不够好看"的人发声,为他们写下一个又一个非常有力量的故事,陪伴他们一起经历心灵成长之旅。《大鲸鱼玛丽莲》就是非常出色的故事。

上游泳课的时候,玛丽莲永远站在最后。她跳下泳池会溅起巨大的水花!不管做什么动作都会引发"海啸",她太重了。同学们就在旁边笑她:"玛丽莲,大鲸鱼!"所以她非常讨厌游泳课,非常讨厌被叫作"大鲸鱼"。

有一天教练问她:"为什么你不喜欢游泳呢?你明明游得特别好呀!"

玛丽莲说:"我游得不好,我太重了。"

这时,教练告诉她了一个真相。"你觉得自己怎么样,你就会怎么样。觉得自己轻,就能学好游泳。想想看,鸟和鱼会觉得自己重吗?当然不会!想变轻,就要觉得自己轻,试一试吧!"

玛丽莲边走边想,这办法真奇怪,不过,试一试吧!

她想象自己是袋鼠,高高地跳过栏杆。

她想象自己是雕像,所以打针一点儿也不疼。

第 6 课 | 容貌
你照过白雪公主后妈的专用魔镜吗

她想象自己是兔子,所以把胡萝卜全吃了下去。

想象游戏帮了玛丽莲很多忙。有时候它让她更有力量,有时候它让她更勇敢,有时候它让她更平静……

一个星期后,又要上游泳课了。跳水的时候,她想象自己是火箭,结果跳下水时,一点儿水花都没有。她游泳的时候,想象自己是沙丁鱼、是鳗鱼、是鲨鱼,自由泳、仰泳、蛙泳都难不倒她了!

所有人都说:"玛丽莲,你游得真好!"

你有过玛丽莲这样的经历吗?有没有其他孩子讥笑过你的样子?因为你的样子,给你取过外号?你能想象被讥笑的玛丽莲有怎样的情绪吗?被讥笑"长得不好看"的孩子,会因为感到自己不好,感到自己特殊而自卑;会害怕和别人接触;会因为被伤害而觉得愤怒,因而讨厌带来伤害的环境。

我之所以知道得那么清楚,是因为在小时候,我也是"玛丽莲"。我曾经因为长得胖,体育成绩不好,被很多人

如何培养会阅读的孩子
粲然的12堂阅读写作课

讥笑过。很长一段时间,我错以为别人讥笑我的那些话是真的。误以为别人说我胖,我行动笨拙,我真的就是那样的。

心理学家们说,人们总是把别人对自己的态度错当成自己的镜子,只要别人说自己不好,就认为自己不好。这种心理,在心理学中被称作"镜像效应"。

想象一下,别人对你的评价就是白雪公主后妈的那面魔镜。它一整天喋喋不休地说着你的缺点。

你该怎么做呢?是相信它,变得自卑、恐惧、愤怒,还是打破这面镜子?

同学们嘲笑玛丽莲笨重得像条大鲸鱼,她就真的相信了。她也像他们那样看待自己,还认定了自己因为笨重,所以无法好好游泳、好好跳水。

这时,第一个救星出现了。玛丽莲的教练肯定了玛丽莲游泳游得非常好,还告诉她一个"变轻"的好方法。幸运的是,玛丽莲愿意相信教练的话,决定试一试,才发生

第 6 课 | 容貌
你照过白雪公主后妈的专用魔镜吗

了好的改变。

一个人在成长的过程中，是无法避免受到别人的评判的。那些评判或者有心，或者无意，但都会像箭一样射到心里，让人感到有点疼。当你因为别人的评判而失去信心的时候，一定记得想一想玛丽莲的选择。相信善意的肯定，让善意的肯定成为支持自己的心灵力量。

玛丽莲的第二个"救星"，是她逐渐强大起来的内心。她选择相信自己，主动想象自己能吃胡萝卜、能跨栏、能从高高的跳台上跳入泳池中，想象自己突破了一个又一个困境。相信自己，别人评价的力量就变弱了，否定你的"魔镜"就被你打破了。

在《大鲸鱼玛丽莲》里，故事开始时的玛丽莲和故事结束时的玛丽莲一样重，外在没有改变，但别人对她的态度却从讥笑变成了赞美，有了天翻地覆的变化。正是由于她逐渐强大的内心，才会有了这么大的改变。

所以，不管长得丑或美，不管身材弱小还是强壮，绝对不要把你的外在分数，跟你的总分画等号。

每个人都像一本书，外在就像我们的封面，只有里面的内容才能决定故事好不好看，我们的人生精不精彩。

不要把别人对你的评价，和真正的你画上等号。

魔镜所说的，不一定是真相。即使是真相，也只是真相的一部分，是可以改变的真相。永远看见和相信自己的独特之处，是心灵变得强大的重要秘诀。当你内心强大时，这个"看脸的世界"就会被你改变。

> 粲然和你一起读

两种截然不同的自卑

"觉得自己不好看"的容貌焦虑背后，还有一个更隐晦的心理判断，那就是"觉得别人比我更好看"。这种心理，我们把它称作"自卑"。在成长过程中，自卑经常会冒出来，狠狠地抓挠着我们的心，让我们吃了不少苦。《阿吉的许愿鼓》这个故事，用一场动物选美大赛，深刻地记

第 6 课 | 容貌
你照过白雪公主后妈的专用魔镜吗

录了各种各样的自卑。

一年一度的丛林选美大赛要到了，动物们都好兴奋。花豹要好好地炫耀它的斑点，犀牛骄傲地顶着它的角，大象响亮地喷了一下鼻，长颈鹿优雅地扭动长长的脖子。

而疣猪们则灰心丧气的，因为它们太丑，没有参选资格。它们嫉妒那些漂亮的动物。

于是，大个子的疣猪们，为了让自己感觉好一点儿，就去嘲笑一只全非洲最瘦小的疣猪。这只疣猪的名字，叫阿吉。

被所有动物嘲笑的阿吉，遇上了最有智慧的牛羚婆婆，它给了阿吉一只许愿鼓，说："只要你一敲鼓，不管许下什么愿望，它都能实现。只不过，可能和你真正想要的不一样。"

拿到许愿鼓的第一天，阿吉"咚，咚，咚"地敲了一整夜。

第二天醒来，它的样子没有任何变化。然而，丛林里那些美丽动物的斑点、条纹、羽毛全都消失了！这些好看的东西都转移到了大个子疣猪们的身上。疣猪们太开心了，但其他动物却很生气,纷纷表示如果疣猪们不把花纹还回去,它们就要引发一场大战!

为了避免战争,第二个夜晚,阿吉又"咚,咚,咚"地敲了一夜鼓。

第三天早上,动物们发现花纹、条纹、大角回来了,但全都长错了地方,冠鹤的羽毛在犀牛身上,大象的鼻子在冠鹤的脸上……疣猪们也开始觉得难受起来,因为拖着长鼻子的没法跑步,一身羽毛的没法在泥地里打滚儿……两岸的动物都准备跟对方算账。

就在这场动物战争一触即发的时候,阿吉站了出来,把许愿鼓的事情说了出来,它决定晚上再为大家敲一次鼓。

第三个夜晚,阿吉继续"咚,咚,咚"地敲鼓。

隔天起来,大家全都变回了原来的样子。故事的末尾,阿吉也还是最瘦小的疣猪。只有它从头到尾没有变过,不同的是,动物们不再嘲笑它。

阿吉变得非常受欢迎。

第6课 | 容貌
你照过白雪公主后妈的专用魔镜吗

如果我告诉你,这个故事描写了两种截然不同的自卑。你知道这两种自卑分别源于谁?又各自是什么样子的吗?

我们容易理解的自卑,是像阿吉那样的。阿吉一开始胆怯、懦弱,在和别人交往时没有自信,一心想成为别人的样子。

而另一种自卑则戴着面具,一开始很难让人发现。那是大个子疣猪们的自卑。

大个子疣猪们嫉妒其他美丽的动物,于是需要靠着嘲笑更加弱小的阿吉来获得优越感。

现实生活中,有一些人,总爱嘲笑、挑剔别人。那是因为他们对自己也不满意,他们也自卑,所以只能靠攻击更差的人来表现自己的优越,靠打击别人来凸显自己的优点。这样的人,就是故事里的大个子疣猪。

随着慢慢长大,你会发现自卑是非常复杂的情绪。因为自卑,刚开始时玛丽莲总是逃避;因为自卑,大个子疣

如何培养会阅读的孩子
粲然的12堂阅读写作课

猪显得非常有攻击性。

但还有一种人，他们靠着行动克服了自卑，比如阿吉。

阿吉第一次敲响许愿鼓，是希望自己变得高大威武，不再受嘲笑。但许愿鼓并没有如它所愿。阿吉第二次、第三次敲响许愿鼓，却都不是为了自己，而是为了弥补过失，让别的动物们能好起来。这样的心愿，正显示出又小又丑的疣猪拥有巨大的力量。它从来没有因为自己弱小和其貌不扬，就希望所有动物都弱小丑陋。没有因为自己受到不公正的对待，就期待世界变得黑暗，期待所有动物都被看不起。相反，它真诚地期待世界是美的，期待所有动物能更好。

这种动人的善良，使它拥有了其他动物没有的力量。

无论自己怎样，也真诚地希望别人可以变好。这样的希望是种强大的力量。这种力量最后化解了阿吉的自卑，也改变了所有人对阿吉的态度。

第 6 课 | 容貌

你照过白雪公主后妈的专用魔镜吗

通过《大鲸鱼玛丽莲》和《阿吉的许愿鼓》这两个故事,我们发现,在面对容貌焦虑的时候,我们心里要保持对自己、对别人的善意。善意的力量可能会改变我们对自己的认知,改变我们所处的环境。

粲然和你一起读

不完美的神奇力量

现在,我们要面对一个更内在、更深层次的问题。如果我们真的是不够好看、不够有力量、不够有魅力的那个人,该怎么接受自己呢?

有一个非常动人的故事,叫《最低年级里个子最小的女孩》,说的就是一个最没有力量,最没人注意的女孩的故事。

莎莉是最低年级里个子最小的女生。不管是站在人群里,还是坐在椅子上,她都常常被人忽

如何培养会阅读的孩子
粲然的12堂阅读写作课

略。几乎没有人会提起这个个子小小的女生。

但是莎莉非常敏锐，会注意到许多事情。她看见了一个同学从滑梯上被推下来。她看见一个男孩突然被他高大的父亲用力拖走了。还有很多恶毒的字眼、冷酷的眼光，她全都看见了。

终于有一天，她在所有人面前说："我不想再看到这些可怕的事情了。大家停止互相伤害吧！够了！"然后她举起了一只手。

有些人大笑，根本不在意。但接下来，非常特别的事情发生了。有个同学突然放下了他的餐盘，也举起手来。就像海浪，一波又一波。一个个同学推开了椅子，高举起手臂。食堂阿姨、新来的老师，包括校长，都高举起手臂。最后，每一个人都跟莎莉一起，把手高高举起。

经过这件事，莎莉注意到许多事情都开始改变：有人停下来，为其他人开门；有人会在合唱时往旁边移，为别人留出地方……

各种各样的善意在慢慢生长。人们也因此记住了莎莉，并常常提起她。因为最低年级里个子最小的那个女孩——莎莉，世界得以改变。

第 6 课 | 容貌
你照过白雪公主后妈的专用魔镜吗

这就是我很喜欢的莎莉的故事。

因为个子小,莎莉常常被忽视。但也正因为自己的缺陷,莎莉深深地理解不被尊重的人、被伤害的人的感受。她成了所有被伤害的人的代言人,呼吁大家停止一切伤害。她获得所有人的支持,是因为这个世界上,每一个人都被伤害过,每一个人都理解被伤害后会有怎样的感受。

这是莎莉的故事,也是所有不够好看、不够有力量、不够有魅力的人的故事。是不完美的神奇力量。

不完美会让我们像莎莉一样,更能同情别人的遭遇,更理解弱者。不完美还能让我们更深刻地体会美和爱,更珍惜美和爱。

你还小,有漫长的人生。长得矮、不够有力量,甚至不好看,随着成长,这些都会改变。就像童话《丑小鸭》所祝愿的那样,终有一天,你会成为展翅飞翔的美丽天鹅。我深深地相信这一点。也祝愿你,在成长蜕变前,接纳作为丑小鸭的自己,认真地感受、体会、改变这个世界。

粲然和你一起读

我们给这个世界的回答

有的孩子会问,真的吗?我真能变美吗?

当然能。在科技日新月异的现在,想获得好看的外貌,是一件越来越容易的事。比如,美图软件会让照片上的我们变得更美,服装搭配指南会让我们更时尚,未来科技的发展还会让我们更有力量,甚至还可能长时间地保持年轻时的样貌。

然而,我的担忧是,外貌变美并不能真正减轻我们的焦虑。这件事,100多年前,著名作家王尔德就写在了他最著名的故事《道林·格雷的画像》里。

> 相貌俊美、心地善良的少年道林·格雷,得到了画家为他创作的一幅肖像画。他向画像许下心愿,愿自己永葆青春,所有岁月的沧桑和他的罪恶都由画像承担。

第 6 课 | 容貌
你照过白雪公主后妈的专用魔镜吗

在漫长的时间里,格雷享受自己的美貌,放纵自己的各种贪欲,做了许多坏事。

一年一年过去,他依然美貌,只是深藏在阁楼里的画像却一日一日地变得丑陋不堪。

最后,他忍受不了这一切,举刀向丑陋的画像刺去,没想到刀子却刺向自己的胸膛。倒地死去的那一刻,道林的面容变得丑恶苍老,而画像却年轻如初。

王尔德是个童话作家,《道林·格雷的画像》则是他的一个高级的人生寓言。是什么影响着人的外表呢?

一是天生的容貌,二是内心向善的力量。

道林·格雷试图将二者分开,只想享受美貌的好处,却不想受道德约束。而那幅画像,就是另一面魔镜,映照出了他想隐藏起来的内心。道林经历了心灵和肉体严重割裂的一生,最终只能留下苍老丑陋的躯壳。

我们刚出生,以及童年时的容貌,是我们本来的样子。接着,我们会像花草和大树一样,遇见阳光一样温暖的爱，遇见风暴一样刻骨的痛苦，遇见露水一样晶莹的赞扬，遇见大雨一样暴烈的责怪……我们最终长成的样子，就是我们给这个世界的回答。随着时间流逝，你会生机勃勃，还是会不堪一击呢？

不要焦虑，不要害怕，不要自卑，要美丽地笑着，勇敢地成长。希望在我最好看的时候，遇到最好看的你。

思考与对话

你喜欢照镜子吗？照镜子的时候，你会对自己说什么

11岁的思语是个爱画画的女孩，她似乎没什么容貌焦虑，她更在意自己的画画水平是否有提升。她享受着画画带给自己的幸福感，也因此获得自我认可。那么你呢？如何看待容貌焦虑，又是如何获得自我认可的呢？

粲然：你理解容貌焦虑是什么意思吗？

第 6 课 | 容貌
你照过白雪公主后妈的专用魔镜吗

思语：就是觉得自己长得丑嘛。我倒没有觉得自己长得丑，不过我妹妹思彤一直说我长得丑。我一直搞不清楚为什么，我们两个不是长得一样吗？怎么会说我长得丑呢？

粲然：你觉得身边的人有没有容貌焦虑的表现？

思语：没有，我们身边的同学都是为了作业而焦虑。作业实在太多了。

粲然：你喜欢照镜子吗？你在什么时候会非常喜欢照镜子呢？

思语：我不太喜欢照镜子。不过曾经有段时间，我很喜欢照镜子。以前打篮球的时候，我受伤了，脸上有了道疤。我很喜欢那个疤的样子，它正好在嘴边，特别酷，所以我天天照。后来那道疤慢慢淡掉消失了，我还有点失望。

但是我妈特别在意！整天一个劲儿地看着我说："不要再去碰了！"

如何培养会阅读的孩子
粲然的12堂阅读写作课

我看出了她很生气，就只能说："好的。"如果当时我提出要把疤弄得更深一点儿，今天可能都没办法坐在这儿了。我很疑惑大人为什么这么在意疤痕呢？明明很多动漫里的人物都有疤痕，都很酷啊！我妹妹说那是因为那些人颜值"稳定"。

粲然：关于你的外在，你最喜欢自己的哪个部分？又是为什么呢？

思语：手！因为它能画画呀！能弹琴啊！还有比较喜欢的是鼻子和耳朵。我的鼻子能隔着远远地找出某种气味的来源，耳朵的话，也能听出很多东西！还有我的大脑。我喜欢观察别人的思考方式。我希望自己能有特别的思维方式。

粲然：班级里最受欢迎的同学有什么特点？

思语：成绩好呀！这是一个看重成绩的时代，成绩代表着一切。不过我很高兴我画画还不错，虽然在班级里我的存在感不强，但是只要说到动漫啊、画画啊什么的，大家都会马上想到我。我妈说我还没学会拿筷子的时候，就已经

第 6 课 | 容貌
你照过白雪公主后妈的专用魔镜吗

开始拿笔了。美术老师跟我妹妹说过,她觉得我画画的天赋蛮高的,但我其实是从小练习出来的。我画画的时候,比看画的时候更开心。

有一次我画了 7 个小时,戴上耳机,周围只剩下音乐和画画,然后不觉得饿也不觉得困,就是一直画一直画,那是我目前为止最长的画画时间纪录。

粲然:你有过什么自信心满满,觉得自己非常棒的时候吗?

思语:比如,在我感到自己的画画更进一步的时候,或者我画出了很喜欢的、难度比较高的漫画角色的时候。对我来说,这些都是很棒的成功体验。

我还记得一年级的时候,班主任问我们长大后想做什么事。我们班上一共有 54 个人,当时有 20 个人说以后想走画画这条路。二年级的时候,想画画的剩下 15 个人,三年级的时候就剩 10 个人,四年级的时候只剩 5 个人。我们现在五年级,长大后还想画画的人只剩 3 个人了。每一年我们班主任都会问一遍,我都记得很清楚。有一天班

如何培养会阅读的孩子
粲然的 12 堂阅读写作课

主任还跟我妈妈说:"啊!思语真的很喜欢画画。"

我能一直坚持画画,喜欢画画,我爸妈也想不明白是为什么。我觉得可能是我每隔一段时间都觉得自己在画画上又进步了,是这些成功体验让我能一直坚持下来吧!

我希望自己以后不要放弃,还想出一本自己的漫画,很热血的那种漫画故事。

粲然:你最喜欢的绘本是哪本呢?

思语:我推荐的书是《最低年级里个子最小的女孩》。首先因为它的绘画风格我挺喜欢的,再来就是故事。我觉得故事很符合绘本的逻辑,整体上来说,风格是很天真的那种。主人公叫莎莉,一些并不是特别正面的事情发生的时候,她都在旁边观察到了。这本书放大了很多事情,生活中不太好的、经常被人无视的事情。但最后,莎莉的一句话和一个手势,引起了大家的共鸣,大家慢慢改变了。这个故事想说的是,只要你想改变,哪怕你地位再低,你也可以改变很大的环境。

第6课 | 容貌
你照过白雪公主后妈的专用魔镜吗

一起来创作

新白雪公主

改写《白雪公主》中王后与魔镜的故事，让王后在不毒害白雪公主的情况下，重新获得对自己的认可。

第7课

幻想
魔法空间在身边

魔法文学中涌现出了许多经典作品，如《西游记》《魔戒》《纳尼亚传奇》《地海巫师》《哈利·波特》等。这些故事像一扇又一扇让人浮想联翩的任意门。有时候，在这些故事中沉浸得久了，我们会恍惚觉得，只要稍一转身，就可以遁入魔法空间。

第 7 课 | 幻想
魔法空间在身边

你相信魔法吗？在你看来，魔法王国应该是什么样子的？为什么魔法王国能吸引你？你认为，大人们相信魔法，相信魔法王国吗？

在我很小的时候，谈起魔法和魔法王国，大人总会说："这些东西都是骗小孩的。只有你们小朋友才相信。"

等我长大才发现，大人并不是不相信魔法，而是现实世界太有力量了。大人习惯了有逻辑、从现实出发、日常化的思考，循规蹈矩的生活让大人逐渐远离了心灵的魔法。然而，谁的内心不被充满想象力和无限希望的魔法王国深深吸引呢？

如何培养会阅读的孩子
粲然的 12 堂阅读写作课

作为大人，因为担心小朋友总陷在白日梦里，我也曾叉着腰对着小孩喊过"魔法根本不可信"这样的话。可是，在心里的某个角落，我一直相信和期待着魔法王国。这一点，从小到大，从未改变。

很久很久以前，人刚成为人，文明诞生并延续时，人无法对天地万物的发展规律做出解释，只好把一切善恶都归因于"神"。不同文明创造出瑰丽奇幻但迥然不同的神话体系。那是一个神话的时代。

又过了千百代人，近代科学文明开始萌芽，民众越来越关注人本身的发展。一个人怎样经历千辛万苦，又怎样在世界上缔造他（她）的成就、建立他（她）的家庭、完成他（她）对自我的塑造。描写这类主题的故事层出不穷，在孩子还小的时候，妈妈或家里的其他长辈一定会将这些故事讲给孩子听。这类故事，就是童话。

时光荏苒，文明继续朝前。人的能力更强了。人们不仅想将现实生活改造得越来越好，还创造出了一个又一个极其丰满的魔法王国。人们用文学、绘画、影像等多种媒介将想象的魔法王国精妙地呈现出来。

第 7 课 | 幻想
魔法空间在身边

这些魔法王国像重重叠叠的镜子，和现实世界互相映照，使现在的人拥有越来越丰富深邃的内心。这就是魔法文学时代。

魔法文学中涌现出了许多经典作品，如《西游记》《魔戒》《纳尼亚传奇》《地海巫师》《哈利·波特》等。这些故事像一扇又一扇让人浮想联翩的任意门。有时候，在这些故事中沉浸得久了，我们会恍惚觉得，只要稍一转身，就可以遁入魔法空间。

这就是魔法文学的魅力。

粲然和你一起读

相信魔法的孩子才能遇见魔法和奇迹

我想问你一个问题。如果真的有魔法空间，你认为它的入口在哪里？

如何培养会阅读的孩子

粲然的 12 堂阅读写作课

在魔法故事里,它是《哈利·波特》里的 $9\frac{3}{4}$ 站台,是《纳尼亚传奇》里的魔衣柜,是《爱丽丝梦游仙境》里的树洞……你发现了吗?在许多故事里,魔法是发生在和现实完全不同的另一个空间中。我们必须通过魔法空间和现实世界间某个特殊的连接口,才能进入另外那个世界。

魔法空间和现实世界有个特殊连接口这个想法,出自我非常喜欢的一个作家。她认为,魔法并不只是发生在很久很久以前,魔法空间其实就在我们的身边,就在我们的日常生活里。只不过,只有相信魔法的孩子才能遇见魔法和奇迹。

这位作家名叫伊迪丝·内斯比特(Edith Nesbit),她写了非常多与魔法有关的故事,影响了一代又一代儿童文学作家的创作。《纳尼亚传奇》的作者 C. S. 刘易斯(C. S. Lewis),《随风而来的玛丽阿姨》的作者帕·林·特拉芙斯(P. L. Travers),这些大名鼎鼎的儿童文学大师都声称自己的写作深受内斯比特作品的影响。

《哈利·波特》的作者 J. K. 罗琳(J. K. Rowling)甚

第 7 课 | 幻想
魔法空间在身边

至说，内斯比特的作品一直是自己行文风格模仿的对象。她笔下的故事永远发生在浩瀚无垠且趣味横生的神奇世界。

英国文学评论界普遍认为，在当今的儿童文学领域，没有哪个儿童文学作家未曾受惠于这位了不起的女作家——内斯比特。

今天，我们就一起来认识一下开创了魔幻儿童文学先河的著名英国女作家内斯比特。

内斯比特出生在伦敦，她是家里最小的孩子。和一大群兄弟姐妹一起成长的经历，给她留下了深刻的烙印，也极大地影响了她的创作。

内斯比特从小酷爱阅读，长期的阅读为她的人生提供了助力。内斯比特一生中大部分时间都比较穷。她在很长一段时间里靠卖掉自己写的文章来维持生活。她写过诗，写过长、短篇小说，写过剧本，先后出版过一百多本书。后来，她的儿童历险小说终于大获成功。

内斯比特作品中最具有代表性的故事是《魔法城堡》，

如何培养会阅读的孩子
粲然的12堂阅读写作课

这个故事讲述了四个孩子在暑假里的一段奇幻经历。

杰拉尔德、吉米和凯瑟琳三兄妹偶然从一条秘密地道进入一座古老的城堡,他们在城堡里发现了一位假装是睡美人的小姑娘。实际上这个小姑娘是城堡管家的侄女梅布尔。

梅布尔引导三兄妹来到城堡中的一间密室后,神奇的事情发生了。城堡真的变成了一座魔法城堡。在密室里的无数珠宝中,他们发现了一只毫不起眼的戒指,梅布尔宣称它是一只能使佩戴者隐身的魔法戒指。梅布尔戴上这只戒指后,居然真的不见了。这给孩子们带来了一系列的麻烦。

然而这只戒指的魔力还远不止于此。孩子们惊奇地发现,它能满足佩戴者的一切愿望,哪怕是随口说出的一句愿望。于是,孩子们用纸壳、扫帚和旧衣服制作的丑八怪假人复活了,它迈着高尔夫球杆和雨伞做成的木头腿咯噔咯噔地上了街;弟弟吉米如愿变成了一个中年百万富翁,但成为百万富翁的吉米却不认识其他孩子了;妹妹凯瑟琳变成了一座雕像……

体验过种种戒指带来的神奇经历后,孩子们

第 7 课 | 幻想
魔法空间在身边

终于学会了正确使用魔法戒指的方法。他们用这枚戒指许下了最后一个愿望,希望城堡主人同照顾孩子们的法国女教师成为伴侣。

拆、拆、拆故事

内斯比特的作品究竟有什么特别之处呢?让我们一起来试着拆解故事,弄明白到底是什么使她的作品拥有了引人入胜的魔法。

魔法是平静生活中的不凡历险

在内斯比特之前,魔法故事的内容都比较单一,要么就是发生在很久很久以前的童话故事;要么就是故事的主角从现实世界进入另一个幻想世界当中,他们在幻想世界里经历的事和现实世界是全然脱节的,但内斯比特的故事大胆创新,第一次把魔法王国拉到人们身边。

在内斯比特笔下,主人公不是进入某个完全不同的世界冒险,魔法就镶嵌在日常生活之中。机缘

如何培养会阅读的孩子
絮然的 12 堂阅读写作课

巧合之下，孩子们与魔法相遇，在生活中经历一次又一次的危机，完成自己的成长，现实生活也有了彻底的改变。

主角变成了一群孩子

在内斯比特之前的魔法故事中，主角往往是某一个人，某个特定的孩子，但内斯比特不只塑造某一个人，而是塑造孩子的群像。书中这些性格迥异、脾气各不相同的孩子和所有孩子一样，充满想象力，淘气顽皮，会犯错、会吵架、会贪心，经常乱成一锅粥。但是，她天才一般地驾驭了一群孩子一起闯祸的场面描写，呈现了妙趣横生的场景，让读者感受到，在越帮越忙的行为之下是善良和童真，那些不管不顾向戒指许愿的行为是被一股快乐的劲头推动。她的作品经常让读者笑得前仰后合，也让孩子们产生了深深的共鸣。

日常世界和魔法空间有一个连接通道

在内斯比特的故事中，主人公们在日常生活和

第 7 课 | 幻想
魔法空间在身边

魔法空间中来回穿梭，之所以能这样做，是因为他们拥有某个能开启魔法的物品或是通道。

在《魔法城堡》中，所有魔法故事的发生都是因为一枚可以实现佩戴者愿望的魔法戒指。它不仅能让人隐身，还可以让人穿越时间甚至空间，甚至能实现人们的愿望。后来的魔法故事创作者将内斯比特的灵感发挥到了极致，于是在《哈利·波特》里，魔法空间就隐藏在我们生活中的各个角落，酒吧后门的对角巷，火车站夹缝里的站台；在《纳尼亚传奇》里，孩子们爬进魔衣柜，就能找到通往魔法王国的通路；在《哆啦Ａ梦》里，大雄一拉开书桌抽屉，就可以踏上时间机器……

你有没有认真仔细地观察过身边各种看似不起眼的小物件，也许它们就是隐藏着的魔法宝物。经由它们，你可能会踏上自己的魔幻冒险之旅。

好了，现在你掌握了近百年来魔法故事的门钥匙，要不要试一试放开你的想象力，创造一个特殊的连接点，开启属于自己的魔法故事？

如何培养会阅读的孩子
粲然的12堂阅读写作课

粲然和你一起读

野兽国与成长困境

当魔法空间与现实王国不再遥遥相隔，而是紧密联系，一些富有冲击力的变化就会发生。这样的变化，不是发生在千百里之外的冒险之地，而是发生在每个故事的主人公、每个阅读者的心里。

《野兽国》讲的是调皮男孩迈克斯的故事，有太多的小朋友都听过。它说明了魔法空间和现实王国互相影响时，会发生怎样的事。

和大多数小男孩一样，有一天，迈克斯在家里没完没了地胡闹。妈妈生气了，不给他吃东西，让他回房间去睡觉。

那天晚上，迈克斯的房间里长出了一片森林，四面墙消失，迈克斯进入神奇的世界，开始他的远航。他驾着小船出发，经历了无数个夜晚，来到野兽国。

第 7 课 | 幻想
魔法空间在身边

在那里,迈克斯制服了暴躁狂乱的野兽们,成为野兽国的国王。在疯过闹过之后,迈克斯开始想念那些最爱他的人。他决定放弃野兽国国王的王位,回到最爱他的亲人那里。

野兽们在身后对着迈克斯大喊:"不要走,不要走,我们要吃掉你,我们好爱你。"迈克斯还是毅然驾着小船回到了离家的那天晚上,回到了自己的房间里。

他开心地发现,热腾腾的晚饭正在房间里等着他呢!

每个孩子在长大的过程中,总会在某个时候遇到"成长困境"。

成长困境就像迈克斯的房间,它把你关了起来。你觉得自己无处可去,非常委屈、愤怒、着急,甚至绝望。《野兽国》这本书,就是写了一个正在遭遇成长困境的孩子,怎么借助魔法空间,发泄自己的负面情绪,再安然地回到现实世界。

《野兽国》这本书的作者莫里斯·桑达克(Maurice

如何培养会阅读的孩子
粲然的12堂阅读写作课

Sendak）说过，真正塑造我们的，是那个很少人有勇气面对的孩子，那个远在教化到达你的心灵之前，没有耐心的、索取无度的孩子，那个想要爱和权力，又总是嫌不够，总是在生气和哭泣的孩子。

你能理解桑达克这句话吗？

他认为，没有耐心，老有各种要求、总是在哭泣和生气……以上种种坏脾气，就是困在我们心里的野兽。我们不可能让心里的野兽完全消失，而魔法空间恰恰收容了这些野兽。我们总要去面对它们，安抚它们，这便是在安抚和面对另一个自己。只有这样，当魔法空间再度归为平静，我们才能从心灵王国里脱身而出，重新做回现实世界里的乖孩子。

请你认真想一想

你也拥有过自己的野兽国吗？在大发脾气、大喊大叫后，你也安抚过自己吗？下一次，当你觉得自己情绪快要爆炸、不知道要到哪里去时，也试着幻想一个魔法空间，你会和你心中的野兽说什么，做什么呢？

第 7 课 | 幻想
魔法空间在身边

粲然和你一起读

魔法瞬息万变，而成长永恒不变

魔法空间不仅储存着个人的心理成长和变化，它还储存着另外一些东西。有一个叫《没关系，没关系》的魔法故事是这样说的。

在一个普普通通的人家里，爷爷奶奶、爸爸妈妈带着小朋友一起生活。不管发生什么，爷爷的口头禅都是"没关系，没关系"。

雷神来拜访他们家，在泡澡的时候偷走了爷爷和小朋友的肚脐眼，爷爷慢条斯理地说："没关系，没关系。"

在外出旅行的宾馆里遇到妖怪，爷爷邀请妖怪一起吃吃喝喝，慢条斯理地安慰妖怪："没关系，没关系。"爷爷看到穷神仙无处可去，好心收留了穷神仙。穷神仙一到家，好家伙！家里遭了小偷、妈妈的钱包也丢了、爸爸的公司也破产了，爷爷仍旧说："没关系，没关系，正好休息

如何培养会阅读的孩子
粲然的12堂阅读写作课

一下吧!"

爸爸把一个因为忍术太烂而被开除的忍者捡回家,忍者成天在家里修炼忍术,嗖嗖嗖地把飞镖扔在了爷爷的枕头边。爷爷仍旧说着没关系。还鼓励妈妈也学习忍术。

很多故事总在强调,魔法会给人的生活、家庭带来好处。但在《没关系,没关系》这个故事里,魔法带给这个家庭许许多多意外、麻烦,甚至损失。与其说是魔法和神仙,还不如说是爷爷一如既往的"没关系,没关系"的平和态度,爸爸妈妈和孩子在逆境中也乐观生活的态度,全家人从不抱怨的家庭文化,使这个家总是化险为夷、转危为安,使家人们能顺风顺水地生活下去。

小朋友们,这也是魔法文学的馈赠。

很多人认为,魔法故事往往讲的是人们进入魔法空间,得到魔法,从此过上幸福如意的生活。但实际上,认真阅读所有的魔法故事,我们不难发现进入魔法空间、得到魔法并不能使人得到快乐和幸福。相反,很多魔法事件打破了人们日常的平静,带来猝不及防的、意外又狰狞的

第 7 课 | 幻想
魔法空间在身边

痛苦。只有获得魔法的人鼓起勇气，保持平和、充满希望的心，保有乐观善良的精神，还要获得他们爱的人的鼓励和祝福，才能获得成长，得到幸福。

人一生的道路是很长的。能进入奇彩华丽的魔法空间，能获得颠覆日常生活的魔法当然非常好。但更好、更帅的是，能一直保持乐观，总是充满勇气，以及在痛苦中也能继续爱人和获得爱的力量。魔法瞬息万变，而成长永恒不变。

为了终有一天进入魔法空间，我们一起来做成长的准备吧！

思考与对话

为什么魔法故事里的魔法是被限制使用的呢

许多孩子都希望自己拥有魔法或者超能力，思彤却不这样想。她认为，伴随魔法而来的可能会是一些奇奇怪怪的事情。你怎么看？聊一聊你对"魔法"的看法吧！

粲然：你相信魔法吗？

思彤：小的时候我觉得在这个世界上魔法是肯定存在的。没有人能够凭空想出这种东西，肯定是有人见过，然后再一代传一代，传着传着就变成传说了。

所以我就一直在留心观察一些不符合常理的事物。我觉得那些事物就是魔法，比如，我们数学老师拍桌子的时候，桌子不会震动；我们语文老师用粉笔写字，写得很用力，粉笔却不会断掉。

我现在比较喜欢偏现实题材的故事，就是魔法和现实交织在一起的那种，比如《哈利·波特》。这个系列的故事都被拍成了电影，比起看电影我更喜欢看书。我觉得看电影就是看着画面想象文字，而看书就是看着文字想象画面。你看一本书时，可以发挥无尽的想象力。

第 7 课 | 幻想
魔法空间在身边

粲然：你会希望自己获得某种魔法吗？

思彤：我不希望。魔法不魔法的，我们看看就好，听听就好。我觉得世界上的人分为两种，一种是生来注定不平凡的，像哈利·波特，他们有可能出生以来就肩负着特别大的使命，或者是和什么东西相遇了，所以变得不平凡；还有一类人，就是像我们这样的普通人，我们就在旁边看看热闹就好了，不要去瞎掺和。如果获得魔法，可能会发生一大堆奇奇怪怪的事情，能活在这个世界上已经是很美好的事情了。

粲然：在许多魔法故事里，使用魔法都是受限制的，你觉得是为什么呢？

思彤：如果魔法可以被随心所欲、不受限制地使用，那它最终带来的结果也肯定是不好的。故事里的主人公一方面获得了魔法，另一方面他们也在使用魔法的过程里学会了控制自己。

粲然：在很多魔法故事里，都有一个连接现实和魔法世界的通道。你喜欢魔法和现实交织的故事，那么你觉得这些

如何培养会阅读的孩子
粲然的12堂阅读写作课

通道会在哪里呢?

思彤:我列了一个魔法通道表(见表7-1),通过它,主人公可以穿越过去和未来,或是到另一个世界去。

表7-1 魔法通道

魔法通道或物品	穿越指数
某一路公交车	1星
小红伞	1星
镜子	2星
书/电脑/电视	3星
电梯	4星
各种各样的柜子	5星

粲然:你最喜欢的魔法故事是哪个呢?

思彤:今天我想推荐的是这本《没有秋天的一年》。故事的主角名叫珍妮,她和秋天是好朋友。有一天,当珍妮乘坐旧电梯去好朋友秋天家时,她发现自己穿越到了一年后。

她发现,有一次外出骑马,因为珍妮迟到,秋天的弟

第 7 课 | 幻想
魔法空间在身边

弟上了本应该珍妮骑的那匹马。结果弟弟被马甩下来，重伤昏迷。珍妮和秋天的关系变得很糟。

珍妮知道了未来会发生的事，又通过这架电梯回到了现在。她抓住机会做出了改变。那次外出，她准时到了，虽然秋天的弟弟还是被马甩了出去，但这次他伤得不是很重。

珍妮知晓未来之后，改变了自己的现在。改变那个未来对应的过去，就可以让未来改变。故事是环环相扣的。我很喜欢。

一起来创作

开启魔法的物品

如果在你家里有一样东西，能开启魔法，你觉得它会是什么？它能实现你什么样的愿望？它会需要你付出什么样的努力呢？一起来写写看吧。

第 8 课

未来
无科幻，不未来

关于未来，科幻故事做了很多设想，有美好的，有残酷的。这些设想就像警报器，有着重要的警示作用。这些或令人不安、或令人期待的信号，会提醒大家不要仅仅生活在现在，要想一想所有人的未来！它们邀请所有人思考，我们想要的未来世界到底是怎样的。

第 8 课 | 未来
无科幻，不未来

你有没有发现一个奇怪的事情，如果你跟大人说："给我讲个故事吧！"大人们通常会这样开头："在很久很久以前……"

如果你说："不要那么久啦！"

大人会说："好吧，那就'有一天啊……'。"

"有一天"是哪一天啊？为什么大人讲故事时不说"在很久很久以后，一百年、一千年、一万年以后"？这样的故事多酷啊！

不过，你也不要怪大人。因为，讲一个未来的故事，

如何培养会阅读的孩子
粲然的 12 堂阅读写作课

比讲一个过去的故事、现在的故事要难得多。过去的故事、现在的故事，大人张口就来，但是，未来世界还没有出现，你的爸爸妈妈对未来的了解并不会比你多多少。

一百年后，一千年后，人类会生活在哪里？我们的生活会和现在有什么不同？出门是不是可以飞？我们真的会遇到外星人吗？会不会有星球大战？

你一定很想听到这样的故事。关于未来的故事，我们一般把它们称作科幻故事。

人类喜欢科幻，是因为人天生好奇，喜欢探索。

你还记得自己更小时候的事情吗？小婴儿成天咿咿呀呀，爬上爬下，手脚并用，牙咬舌舔，非要知道每样东西是什么。等你们再大一点，仍然对未知的事物充满好奇。其实不仅仅是你，整个人类族群，始终都充满孩童式的探索欲，永不停止地探索未知的东西。当人类踏遍地球上的每一个角落后，充分熟悉我们所在的星球之后，便把目光投向茫茫宇宙和遥远的时间线，畅想外太空，畅想未来。对未知的好奇与探索，是我们热衷于建构科幻故事的底层心理。

第 8 课 | 未来
无科幻，不未来

第一本科幻小说，出现得并不太早，是在 1818 年，离现在 200 多年。那时候，英国的玛丽·雪莱（Marry Shelley）创作了《弗兰肯斯坦》，又叫《科学怪人》。为什么是这个时候呢？

这就是科幻小说的第一个要素，科幻里一定要有科学。毕竟科幻故事里人物遇到困难，不能由神仙出面，或是依靠魔法或者巫术解决。

在第一部科幻小说诞生的时候，世界上已经出现了第一台蒸汽机、第一艘轮船、第一列火车。大众获知太阳系的中心不是地球而是太阳，世界发生了剧烈的改变。人们开始用科学来理解世界，解释世界。

科幻小说中的第二个要素是"幻"，是幻想、想象。虽然是关于未知的想象，但因为要以科学为基础，这个幻想要合理，逻辑要通顺。就算故事是编出来的，也要说得通。

科幻小说的第三个要素，是"关于人的思考"。创造和阅读科幻小说的时候，我们会止不住思考：人类在未来

如何培养会阅读的孩子
粲然的12堂阅读写作课

的世界会面对怎样的困难？面对困难时，未来的人又会做出什么样的选择？那会带来什么样的结果呢？哲学家说，每个人的一生都在思考许许多多的问题。这些问题归结起来，实际上就是三个问题，这三个问题，被称为人关于自我的"哲学命题"。它们是：

- 我是谁？
- 我从哪里来？
- 我要到哪里去？

科幻故事所表现的，就是人对未来的哲学自问。人类的未来会变成什么样？未来，人类会在哪里？最终又要到哪里去？这些问题，你们有自己的回答了吗？

我们生活在对未来充满幻想、拥有无限可能的时代。科幻故事也大行其道。科幻世界如同银河系中浩瀚的星云，实在是太迷人了！关于未来，我知道的并不会比你更多，但是，让我们一起，借由那些出色的科幻故事，开始未来之旅吧！

第 8 课 | 未来

无科幻，不未来

粲然和你一起读

前所未有的孤独感

说起科幻故事，很多小朋友就会眼睛发亮地谈起太空旅行。太空旅行是科幻故事中最动人的话题之一了。如果有一张飞船船票，能够进行太空旅行，你想去哪里呢？有人想去火星，有人想去仙女座星系，也有人只想串个门，到最近的月球看看就行了。那我就给你讲个《月亮警察》的故事吧！

有一个男生，他从小就梦想着当警察，梦想着移民月球。这两件事都实现了，他真的成了一名月亮警察。每天驾驶着警察专用的飘浮巡逻车，慢悠悠地在月亮上四处巡逻，看看有没有人或者狗需要帮助。但月亮上没什么大事发生，犯罪率是 0，破案率 100%，没有人犯罪，大家都夸他是个好警察，守护了月亮的平安。

月亮警察住在一栋公寓的 8 楼，每天都能远远地看到地球。

如何培养会阅读的孩子
粲然的12堂阅读写作课

　　月亮上照旧安安静静，没有氧气。每个人，包括小狗，出门都要戴着圆圆的氧气面罩；所有的植物，都被罩在一个个透明的氧气罩子里保护起来。月亮上也没什么人气，人越来越少，因为很多居民选择离开月亮，搭乘太空飞船返回地球。就好像聚会结束，人们都要回家了。

　　月亮警察还在认真地巡逻，他一个人喝着咖啡，一个人吃着甜甜圈，一个人看着天上的星星，一整天都没什么人能跟他说说话。他感到孤独。他向地球总部申请调回地球，得到的回复是"对不起，暂时没有人愿意到月亮上接替警察的工作"，所以他还得继续留在月亮上。地球总部担心他会得抑郁症，就寄了一个机器人过去，给他做伴。不过这个机器人很快就出了问题，充电时滋滋响，"啪"的一声烧坏了。

　　有一天月亮警察忍不住在电脑上查询，月亮上现在还有几个人？

　　答案是两个人。另一个人，是迷你咖啡厅的服务员，一个人类女生。就像月亮警察是月亮上最厉害的警察一样，她可是这个咖啡厅里的最佳服务员，而月亮警察是店里唯一的顾客。

第 8 课 | 未来
无科幻，不未来

服务员告诉月亮警察，她很喜欢这里，会花上好几个小时，盯着天上的星星和身边的石头，感觉内心十分平静。

故事的结尾，是月亮上仅有的两个人，一起去看风景。

《月亮警察》说的就是这样一个故事。科幻故事并不全都充斥着未来灾难，也不都是入侵者和守护者之间的战争，它可能仅仅是描述未来人的某种日常状态。这是不是也是未来的可能性之一呢？

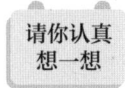

> **请你认真想一想** 你觉得，未来人最可能保有的日常状态是什么？

很多未来学家做出自己的预测，未来人可能享受着比现在更便捷的智能科技生活，在居住、饮食、医疗上都更便利。未来人可能拥有比现在更广的活动范围，甚至可以随意去往外太空。与此同时，所有人都认为，未来人会更——孤独。

让我们闭上眼睛回忆，我们许多人都有过这样的经

如何培养会阅读的孩子
籁然的12堂阅读写作课

历:一个人钻进某个小洞、某个小空间,这里空空落落,除了一样东西,什么都没有。那样东西是什么呢?是孩子的孤独。

对浩瀚的宇宙来说,前往各个星球的探险者,都和孩子一样会面对这种未知的孤独。地球和人类的文明,都还是刚学着走路的孩子。

回到现实中,随着人工智能的发展,人们越来越依靠手机和网络交流。这种感觉,就好像开着宇宙飞船,穿梭在热闹的宇宙信息流里。可是,离开手机,断开网络,就会有前所未有的孤独感。

从某个角度看,独自躲进小空间探索的孩子、断开网络将自己关在房间里的成年人,以及在某个遥远星球上、疏离人群、独自过日子的未来人……他们的感受是一样的。这是当代乃至未来人类要共同面对的孤独。《月亮警察》就希望从这样的共同感受入手,打通现在和未来的壁垒,跨越孩子和大人的鸿沟。通过阅读,让孤独感引发所有人的共鸣。

第 8 课 | 未来

无科幻，不未来

请你认真想一想　第一次太空旅行，你想去哪里？为什么？

粲然和你一起读

每一个孩子，都是安德

刚才我们说，有的科幻故事着重描述未来人的生活状态和心理状态。但我们还要看到，更多的科幻故事着重呈现未来人类的生存危机。未来人类将遭遇各种各样的危险，而那些灭顶危机，多数都来自外太空不知名的文明入侵。

在茫茫宇宙中，存在着比我们先进，或者和我们势均力敌的文明，他们对我们窥探已久。未来有一天，大战一触即发。这样的想法是以《三体》为代表的众多科幻小说的底层逻辑。

既然有危机，就一定会出现拯救世界的英雄人物。大

如何培养会阅读的孩子
粲然的12堂阅读写作课

量科幻故事实际上就是未来的英雄成长故事。其中，获得许多国际大奖，尤其受孩子们欢迎的是《安德的游戏》三部曲。这部小说的主角叫安德，出场时，他只有6岁。

故事发生在遥远的未来，地球即将毁灭，威胁来自外星文明——虫族。虫族在数量、科技和战略上都碾压人类。在第一次和第二次的战斗中，虫族几乎摧毁了人类所有的舰队。还好，人类取得了一次小小的、关键的胜利，为下一次战斗争取了时间。

如今，虫族舰队即将对地球展开第三次致命攻击，而人类必须选拔出一个能拯救地球的人，把战斗的任务交给他。

许多优秀的孩子被军队选中，离开了家庭和学校，他们被送往战斗学校接受训练，安德是其中一个。他是一个6岁的小男孩，也是被寄予厚望、被认为最有可能成为舰队最高司令的人。

安德是一个天才。虽然进入战斗学校时，他是年龄最小的孩子，但他聪明又擅于观察和思考，掌握了战斗的技术，甚至还自创了许多作战方法。他从被别人看不起的小兵开始，成为一个

第 8 课｜未来
无科幻，不未来

百战百胜的队长，进而成为全战斗学校排名第一的学员。

但是安德过得并不顺心。首先，战斗学校切断了他和家里人的联系。战斗学校里都是天才儿童，许多人把安德当作对手，不但孤立他，还故意刁难他，让他不好过。战斗学校的教官们既喜欢他，又要考验他、锻炼他，总是千方百计地给他出难题，挑战他的极限。

还好，安德扛住了所有的挑衅、孤独和困难，只用了 4 年的时间，他就从战斗学校毕业，去了指挥学院。10 岁就当指挥官，这可是从来没有过的事情。

在地球舰队的指挥室里，安德遇到了他在战斗学校里结交的最优秀的伙伴，安德指挥他的部下，用一种大人们完全想不到的、最出乎意料的战斗方式消灭了全部敌人，取得了胜利。

最后，安德和他的姐姐登陆虫族的星球，重新了解外星文明。

《安德的游戏》三部曲背后，蕴藏着一个科幻文学圈的"大众谜题"。

如何培养会阅读的孩子
粲然的12堂阅读写作课

为什么越来越多科幻小说的主角是孩子,以及为什么在这些故事里,未来必须由孩子拯救?

我想,那是因为越来越多科幻故事的创作者认定,未来一定是全新的世界。随着文明与科技的快速发展,会有新的社会规则产生。那样的未来,是现在的人无法设想的,人们需要全新的思维模式。

在《安德的游戏》一书最后的大战中,作者写道:"**大人们把所有一切看得如此严肃,孩子们则看穿了他们的把戏**。安德心想,我才不要遵守你的规则。"

没错,旧的规则不管用了,新的胜利要由新的英雄来完成。新的英雄会是谁?他(她)是勇于打破规则,勇于理解未来,充满创造力的孩子。

这就是科幻故事主人公越来越年轻化的根本原因。越来越多人把未来和孩子联系在一起,把地球文明的未来和少年英雄的成长联系在一起。

为了20年、50年后的未来,从现在开始做准备,准

第 8 课 | 未来

无科幻，不未来

备承担起属于你们的时代责任。从这个角度说，每一个孩子，都是安德。

粲然和你一起读

要为未来做好准备

科幻故事所幻想的灭顶危机，大多数来自外太空不知名的文明入侵，其余的则来自地球上的极限挑战。

极端天气、环境污染、病毒肆虐、物种灭绝、生化战争……科幻作家在创作时，把地球的"危险等级"调到最高，在极限状态下，思考人类文明何去何从……

未来会不会真的发生这样的事情呢？《雪国列车》的故事，就在这样的假设下发生。

地球发生了一次大灾难，短时间内整个星球变成了严寒的地狱，有些人及时躲进了一辆有

如何培养会阅读的孩子
粲然的 12 堂阅读写作课

一千零一节车厢的雪国列车,成为幸存者。列车之外,城市、海洋和所有的生命都消失了。雪国列车的车头安装着一个永远不会停下来的引擎,所以列车就这样在冰封的大地上无休止地行驶。一旦列车停下,所有人都会冻死。

在这辆有一千零一节车厢的列车上,生活着不同的人。最后面的车厢里,人非常多,很拥挤,他们不得不在肮脏的环境中忍受着饥饿,过着十分痛苦的生活。有一个住在最后面车厢的人,叫普罗洛夫,他听说越是靠前的车厢,人就越少,住的、吃的都越来越好。他试着打碎隔离的玻璃,想要闯进前面的车厢看看。

他被士兵抓住了。有一位同情他的、住在三等车厢的女士,也被抓住,两人被一同押送前往火车头。

随着他们的前进,他们看到了很多令人震惊的车厢。他们本来以为每节车厢都非常拥挤,食物极其短缺,但结果发现有的车厢里竟然种着菜,养着动物,还有图书馆……最靠近车头的几节车厢,被称为"黄金车厢"。在那里,有人过着非常奢侈的生活,跟最后一节车厢中的痛苦

第 8 课 | 未来
无科幻，不未来

生活完全不同。而且，黄金车厢里的人想要把最后的车厢扔掉，好让列车跑得更快。

普罗洛夫知道了这个阴谋，他进行了反抗，想要改变这个结果，但是没有成功。

最后，他逃到了车头，陪伴着永不停止的引擎。这列封闭的列车，带着所有幸存的人，继续毫无目地在冰雪茫茫的地球上行驶。

直到后来，又出现了新的雪国列车。一些正义的人，继续为了改变不公而斗争。他们带着孩子，拆穿了很多阴谋，克服了各种困难，艰难地寻找着地球上的新家园。

和《月亮警察》一样，《雪国列车》是一部图像小说，它的画面呈黑白色，笔触冷冽。当描绘列车在大地上行驶的场景时，整个画面上只有车和远处的山，没有别的。在读它的时候，你会感受到作者想传达的那种空旷寒冷。

这就是作者设想的地球最极端的情况，突如其来的寒冷，本来生活在不同地方的人，住在楼房中的人，都挤到了一辆长条形的列车里。在灾难发生前，每个人都有自己的生活，到了雪国列车里，生活发生了巨大的变化。

如何培养会阅读的孩子
粲然的 12 堂阅读写作课

我们会看到有人因为恐惧变得更加自私；也有人改变了想法，从为自己着想，到为更多的人着想；从一个人的行动，变成找到同伴，团结起来，为整个人类的生存而努力。

茫茫的冰雪地球会不会再次成为人类的家呢？当你读下去，跟着主人公面临不同的选择，你会怎么做呢？看完这本书，你会更加眷恋此刻的大地，绿色覆盖平原，大地上生长着五颜六色的植物。我们真真切切地处在富饶和幸福之中。

关于未来，科幻故事做了很多设想，有美好的，有残酷的。这些设想就像警报器，有着重要的警示作用。这些或令人不安、或令人期待的信号，会提醒大家不要仅仅生活在现在，要想一想所有人的未来！它们邀请所有人思考，我们想要的未来世界到底是怎样的。

请你认真想一想　你想象过未来吗？设想过当你成为大人，面对的那个世界是怎样的吗？为了未来，你现在必须做好什么准备？

第 8 课 | 未来
无科幻，不未来

在这一章里，我们分享了科幻故事的许多情节，讨论了科幻小说中的许多主题。但最重要的是，经由阅读科幻故事，我们要唤起心中对时间、对浩瀚宇宙的敬意，唤起对幸福安定生活的珍惜，要为未来做好准备。

因为，孩子们是真真正正来自未来、属于未来的人。向你们致敬！

思考与对话

你想象过长大后的世界是什么样的吗

孩子是未来的创造者，对未来有怎样的设想，如何为未来做好准备，是值得每个孩子思考的问题。你有认真想过未来吗？以下是启航的畅想。

粲然：未来是指过了很长一段时间之后，你想听到多少年以后的故事？你想象会发生什么事情？

如何培养会阅读的孩子
粲然的12堂阅读写作课

启航： 我想知道几百亿年以后，地球末日的事情。地球末日可能是水资源枯竭、空气污染之类的事造成的，但最可怕的是外星人入侵地球。外星人看起来很可爱，但一发疯就完全变了样。他们乘着很大的飞船前来，想改造地球，用铁皮包住地球。

每个人都有自己的弱点。我们就找到他们的弱点，开始打仗，互相争斗，非常刺激。这件事情的结局，我希望是地球人把外星人消灭了。消灭了他们以后，也许我们会去他们的星球探索。

粲然： 如果现在我们穿越到了未来，你在未来学校的一天是怎样的呢？

启航： 未来会有一扇门通往你想去的地方，你只要推开一扇门，进去就直接到自己的班级了。

我们学校在天上，方便我们学有关天空的知识，看星星都不用望远镜了。教室很大，一半学习一半疯玩。未来学校没有老师，就有一张桌子，上面有屏幕，教你怎么做。还是会有班级，不然只有屏幕，学生会感到非常孤

第 8 课 | 未来

无科幻，不未来

独，要有同学陪伴。

第一节课是漫画课，按一下桌上的按钮会喷出来一个很大的、悬空的屏幕，你用手去摸会变模糊。屏幕上有老师教我们画漫画。我们还是用纸和笔去画，这样我可以和我的哥们儿一起画画。

第二节课是足球课。在未来的体育课上，你会被缩小，课桌就是球场。老师是有特异功能的。老师还会陪你练传球、过人、射门。也会有比赛，对手都是跟你差不多实力的小孩。中场休息的时候，人可以像机器一样自动补充能量。喝一口水，我们就像还没开始比赛一样，充满了力气。我们有一个小口袋，很小，但是可以装很多东西。

饿了你就点开桌子上的屏幕，选择"吃饭"，可以点各种不同的好吃的，还可以自己搜索，想吃什么都有。学校非常大，最下面一层有做菜的机器和运输的管道。

如果你不想上学，可以请假。但是请假后，要去补课。补课时你会失忆，根本不记得自己请过假，觉得自己是在正常上课。

如何培养会阅读的孩子
粲然的12堂阅读写作课

粲然：那你从未来学校放学回到家，家里会有什么不一样吗？比如说未来大家都不自己生小孩了，有别的方法生育。

启航：我觉得父母还会生小孩，家庭的生活条件会变得更好。屋子脏了会有机器人清扫。想买什么东西，就会有无人机派送。爸爸妈妈的时间更多了，可以全家在一起玩。

粲然：请你想一件现在的事情，它现在是不够好的，有问题的。而在未来这个问题能够被解决。你想到了什么事情呢？

启航：疫情吧。我们这些小孩努力读书，可以发明一个药。药可以让疫情消失，解决掉当下最大的危机。

粲然：请给我们推荐一本有关未来的书吧。

启航：我的推荐是《月亮警察》。地球人移民到月亮去了。月亮警察每天起床，就随便巡逻，每天都吃甜甜圈、喝咖啡。他遇到了咖啡馆的女人，就和她成为朋友。后来，其他人都想家了，都回地球了。只有他们两个人生活在月球上。

第 8 课 | 未来
无科幻，不未来

我希望大家注意到它的插图，虽然有些人可能只把注意力放到读字上了。它的画风非常不一样，虽然很朴素，但我又感觉很高科技。比如月亮警察开的巡逻车，画得很简单。但只要跟现在开的车不一样，我就觉得它很神奇，就可以算是高科技。插图都是作者一笔一画认真画的，各位小读者可以去欣赏这些。

一起来创作

未来世界的一天

设想一下，如果你和家人生活在未来世界，会怎么度过一天的时光？

第 9 课

童话
每个孩子的心灵安抚密码

如果我们仅仅在童话里看到长得很美、穿得也很美的公主，长得很帅、总是骑着白马的王子，又或者仅仅看到不劳而获的宝物，逢凶化吉、遇难成祥的魔法，那我们就没有领会童话的真意，没有领会一代又一代把童话流传下来的、坐在小床旁讲着故事的成年人心里的担心、期待和祝愿。

第 9 课 | 童话
每个孩子的心灵安抚密码

你喜欢听童话故事吗？童话故事里都有什么呢？公主、王子、巫师、魔法？不不不，这些只是童话的一小部分。

童话故事就像一个迷人的梦，它是久远年代留给我们的心灵礼物。一代又一代父母在摇篮旁、在夜灯下，把千百年、千百代以来人们对于生活的探索、对于人生的结论，通过童话故事交托给孩子。

是的，人们把对这个世界的爱与怕、对未来的期待与祝福都藏在了童话里，父母则成了守护孩子的故事人。

我们从别人的手上，接收了童话故事，又转身把故事交到我们孩子的心上。那些每天都在观察和模仿着成年人日常生活的孩子，更是通过这些故事，对人生有了最初的理解，同时也有了向往的东西。

因此，作为全世界儿童心灵安抚密码的童话故事从它们诞生那刻起，就护佑着我们的心灵。从幼年，到青年，到中年，再到老年，它鼓励我们去直面、去发现那些关乎人性的真理。

> **请你认真想一想**
>
> 你有没有想过，一个童话是怎么经过千百年的时间，流传到我们手中的？这些童话是怎样被选中，经过口口相传，成为它们现在的样子的？

粲然和你一起读

童话是个比喻

我要讲的第一个故事，来自法国作家马塞尔·埃梅（Marcel Aymé）创作的《捉猫故事集》。埃梅被公认为是

第 9 课 | 童话
每个孩子的心灵安抚密码

法国 20 世纪最出色的文学家。他是法国当代最重要的小说家与剧作家，曾与普鲁斯特、加缪、莫里哀等文学大师一起，被法国读者票选为最受法国人喜欢的作者。在欧洲，他的《捉猫故事集》经常被人拿来与《小王子》相提并论。

《捉猫故事集》讲的是，有人解救了一只胡须被树卡住的猫。这只猫为了感谢他，就给他讲了许多故事。在这个故事集里，没有王子公主，没有城堡，只有一个普通的乡下农庄。故事就发生在农庄的小姐妹俩、她们的爸爸妈妈，与一群会说话的动物之间。

这些动物性格各异，是故事真正的主人公。它们中有会求雨的猫、耿直善良的狗、理性的鸭子、一心苦读的牛、想要瘦身的猪、渴望见到雪的豹子、想要改邪归正的狼、热爱自由的鹿，等等。我现在要讲的故事，是其中特别好玩的一个故事，名叫《小姑娘变成了驴和马》。

农庄里的姐妹俩有天晚上睡前聊天，说起自己想变成什么，妹妹说想变成一匹马，姐姐说想变成一只灰毛驴。第二天早上醒来，她们真的变

如何培养会阅读的孩子
粲然的12堂阅读写作课

成了马和驴。

爸爸妈妈发现女儿变成马和驴,号啕大哭,却束手无策,因为她俩体型太大,爸爸妈妈把她们挪到了牲口房去住。

时间久了,慢慢地,爸爸妈妈习惯了变成马和驴的两姐妹,开始嫌弃她们,不让她们进院子,不给她们好饲料吃,还把家里的牲口都卖了,让姐妹俩干所有的农活。

姐妹俩刚开始干农活时,父母还表现出极大的耐心,然而第二天就严厉起来,还大发雷霆。还因为姐妹俩活干得慢,挥鞭抽打她们,甚至还打算把变成马和驴的姐妹俩卖掉。

姐妹俩也从原来的伤心、目瞪口呆,变得悲伤,甚至麻木。她们开始忘记自己原来是个小女孩,开始变成真正的马和驴。

有一天爸爸准备拉她们去干活,发现马和驴又变回了他的两个女儿。爸爸心下想,唉,再也见不到我的两头牲口了。他和妈妈又让孩子搬回了床上。

可这些孩子刚刚变回来,忘了怎么使用自己的手和脚,总是说蠢话,呆头呆脑,考试也考得

第9课｜童话
每个孩子的心灵安抚密码

很不好。爸爸妈妈就很生气，不让她们吃饭，只让她们喝凉水和吃面包。

故事的最后，两姐妹终于恢复了原状。爸爸妈妈很高兴，重新又深深地喜爱上她们。说到底这两个女孩还是好女孩，她们的爸妈也是好爸妈。

你喜欢这个故事吗？

这是一个听起来特别荒诞的故事。但在这个故事里，蕴藏着所有人小时候心里最深的恐惧和害怕。不只是你，你的爸爸妈妈，甚至爷爷奶奶，每一个人小的时候，都害怕过它。这个恐惧是什么呢？我的孩子米尼说，他最害怕看到我生气的样子。

你害怕生气的爸爸妈妈吗？

每个孩子小的时候都害怕爸爸妈妈像川剧变脸一样，变成奇怪的、严厉的、凶狠的爸爸妈妈。有时候，因为孩子成长，自身有了某些身不由己的改变，就激起父母疾风骤雨一样的情绪变化。他们会说出不爱，甚至不要孩子的

如何培养会阅读的孩子
粲然的 12 堂阅读写作课

令人伤心的话。

　　人很多时候会成长为让自己觉得陌生的样子。这篇故事里，小姑娘变成驴和马是个比喻，比喻成长中身心发生各种各样的变化。这样的变化往往会引发许多家庭矛盾。

　　大人的情绪涌向孩子时，孩子是非常孤独无助的。这样的无助会引发不安全感，但在这个故事里，无论是讲故事的人或是读故事的人都获得了心灵的支撑，让孩子们能够在爸爸妈妈疾风骤雨式的情绪里找到一条出路——当我们变回原样的时候，爸爸妈妈也会变回原样。孩子还是好孩子，爸妈还是好爸妈。

　　所有的童话故事，都不仅仅是它"听起来的样子"。童话是比喻。童话中的万事万物，都象征着成长过程中会遇到的挫折、会碰到的心灵困境、会邂逅的各色人物。

　　高级的童话故事，小时候听，只会觉得它好玩又有趣；长大了听，会发现原来它陪你经历时间的重重关卡，却早已将通关秘籍发给了你。

第 9 课 | 童话
每个孩子的心灵安抚密码

是的，好的、高级的童话会让你明白，原来世界是这样的，不是那样的。你听过什么童话故事，让你有"哇"的、恍然大悟的感觉呢？

请你认真想一想　找一找你身边的高级童话故事，它说了什么，会让你觉得原来世界是这个样子啊？

粲然和你一起读

童话就像一个个谜语

大人们一定经常在你们耳边念叨，要注意安全，一个人在家时不要给陌生人开门，坐车时要系安全带，过马路要看准红绿灯……你们会不会每一次都好好遵守呢？

我想给你讲一个故事，故事的名字叫《本性难移的狼》。故事还是发生在刚才那对小姐妹身上。

有一天，爸爸妈妈要外出，跟留在家里的两

如何培养会阅读的孩子
粲然的 12 堂阅读写作课

姐妹说,千万记住,谁来叫门也别开。爸爸妈妈刚走,就来了一只狼,它隔着门说,要跟姐妹俩一起玩。

你读过《小红帽》的故事吗?就是一个小女孩险些被狼吃掉的那个故事?

如果你读过,一定知道,狼非常危险,要对它提起十万分警惕。幸好,姐妹俩也读过《小红帽》。

两个小姑娘就跟狼说:"不行啊!不能让你进来。你看,你吃了小红帽。"

狼说:"那是我以前做过的糊涂事,现在开始我要改过了。"可是小女孩坚决不让它进门。

狼觉得很委屈。它已经想变成一只温柔的、善良的狼了,可是她们都不相信它。狼哭着走了。

小女孩一看狼哭了,觉得狼很可怜,心一软,就主动把狼喊进门来。

狼就想,它不能辜负两个小女孩的信任。于是他们一起玩了各种各样好玩的游戏,玩儿完狼就走了。

两姐妹非常高兴,认为自己并没有掉入狼的

第 9 课 | 童话
每个孩子的心灵安抚密码

陷阱，小红帽的悲剧不会在她们身上发生。但她们也不敢把这件事告诉爸爸妈妈。

从此，当爸爸妈妈每次说："你们要当心狼啊！"她们就暗暗想，狼也没什么了不起的。她们想出各种游戏，等着狼一起玩。

她们想出来的游戏中，有一个特别危险。游戏的名字就叫"玩玩狼"。怎么玩呢？就是两个小女孩来逗狼，然后狼扑出来假装要吃掉她们。

狼当时已经决定要做一只好狼了，可是，小姑娘们不停地跟它玩这个游戏，狼实在忍不住了，真的把她们吞进肚子里去了。幸亏爸爸妈妈这时回来了，他们剪开狼的肚子，把小姑娘们掏了出来。

两个小姑娘得救了，想到曾经跟狼玩得那么快活，她们就为狼求情。爸爸妈妈于是给狼缝上了肚子。狼想到自己深受信任，却还做出这样的事，非常羞愧。它后来再也没有吃小姑娘。

每一个人都有可能变成小红帽，在人生的某个时刻面临误入歧途的危险。前人定下来的规则，像童话里的"不要一个人走进森林"和现实里的"不要乱闯红绿灯""不

如何培养会阅读的孩子
粲然的12堂阅读写作课

要给陌生人开门"……都是一些在血的教训上建立的社会规则。

只不过,和两姐妹一样,很多人把社会规则当耳边风。认为别人才会发生危险,自己不会。我们一定不会像小红帽那样被狼欺骗,我们一定能避开危险。

正是这样的想法,让人们重蹈覆辙,不停地去"逗狼"。来呀来呀!"狼"你快来。人们总想证明,我是唯一一个不会"被狼吃掉"的人。

大部分的人,无论大人、小孩,都曾带着一丝侥幸,认为自己肯定会是幸免于难的人。但《本性难移的狼》让我们知道,即使在童话里,危机就是危机,狼就是狼。规则一定要遵守。

如果你要去逗弄"狼",引发危机,那么你要学会宽恕自己和别人。也要准备好和别人一样吃苦头。如果你没有办法宽恕,也不想吃苦头,就不要去玩危险的游戏。

童话就像一个谜语,如果你能从一个童话入手,看到

第 9 课 | 童话
每个孩子的心灵安抚密码

它背后的寓意,你就是非常厉害的阅读者。

> 粲然和你一起读

成为自己的解救者

我们刚才说到,有些故事告诉我们,尽量不要去做那些明知是错的事。但很多时候,我们明明知道怎么做是对的,却反反复复做错事。这是怎么回事呢?我再讲一个故事,这个故事叫《水妖的俘虏》。

这个故事说的是湖边有一座房子,房子里面住着三个长得很美的女孩和她们的爸爸。爸爸每天到湖边去散步。有一天,他在湖边看到了一双新鞋子,他想拥有这双鞋子,没想到这是湖底水妖设下的陷阱。于是他被水妖抓住,沉入湖底。

水妖说:"如果你把你的大女儿给我,我就放你走。"

爸爸回家以后就让大女儿去拿湖边的鞋

如何培养会阅读的孩子
粲然的 12 堂阅读写作课

子,大女儿去了果然沉入了湖底,变成了水妖的俘虏。

水妖对大女儿非常好,他跟大女儿说:"你可以去所有的房间,但唯有一个房间你不能去。"可是大女儿去了那个房间,偷偷戴上了水妖放在血水里的戒指。水妖发现了戒指,给大女儿灌下死亡之水,大女儿死了。

过了一段时间,孩子们的爸爸到湖边去,又被水妖抓住,不得不把二女儿又送到水妖那里。结果二女儿也打开了那个房间,偷戴戒指,也被水妖发现并杀死了。

第三次她们的爸爸又在湖边看到了一个精巧的马鞍子。这次,轮到三女儿成为水妖的俘虏。

你听到这个故事是不是又急又气。这个爸爸明知道湖里有水妖,却一次又一次犯相同的错误。大女儿和二女儿,为什么不能老老实实听水妖的话?她们为什么总要去开那个房间,偷拿戒指戴?

我想请你仔细地思考一个问题。你,你的朋友,或是你的爸爸妈妈,有没有一而再,再而三,犯过同样的错误

第 9 课 | 童话
每个孩子的心灵安抚密码

呢？比如你明明知道先写完作业，才能拥有自由时间，但你在做作业的时候还总是拖拖拉拉的；你跟爸爸妈妈约定好，遇到问题要好好交流、沟通，但事情一发生，却总是吵起来。

一再犯错是人的本性。那这个本性什么时候才能改变呢？三女儿作为解救者出现了，她也会走到最后一个房间，但这一次，她的选择跟所有曾经在这里犯过错误的人不一样。

她没有拿那个戒指，而是用房间里的生命之水救活了两位姐姐，还设计让水妖喝下死亡之水，彻底拯救了他们一家人。

《水妖的俘虏》是属于每一个人的人生故事，只有当你真正改变自己的想法，才能切断循环往复的命运，成为自己的解救者。

《水妖的俘虏》出自《讲了100万次的故事》这套书。这套书有非常非常多经典的民间童话，按照北欧、德意志、俄罗斯、法国、非洲、芬兰、挪威、印第安来分册。

其中有很多童话故事甚至诞生于人类的胚胎时期。

童话故事蕴含着人类最初文明的代码，而人性更是历久不变。我们伸长听故事的耳朵，不仅要听见故事，也要听见经验，听见共同的人性。

请你认真想一想 你看过哪些由三兄弟或是三兄妹的经历构成的故事？说说看，谁是故事里改变命运的那个人，他或她做了什么？

粲然和你一起读

在每个童话里，汲取爱和勇气

除了一代代流传下来的老故事，还有很多厉害的故事人会进行"故事重塑"。

什么是"故事重塑"呢？就像把老房子重新装修，让它更适合现在的人居住一样。故事重塑，就是重新编辑修

第 9 课 | 童话
每个孩子的心灵安抚密码

改老故事，让它更适应当代的儿童阅读。

英国有一位故事大王，叫琼·艾肯（Joan Aiken）。她出生于文学世家，是个天生的讲故事的人。她也是一位擅长"故事重塑"的人。今天我想给你们讲两个她重塑过的故事。第一个故事名叫《雨滴项链》。我在很小的时候，就听过这个故事。

在一个暴风雨的夜晚，有一个旅行者被挂在了门外的冬青树上，他大喊着求救。

琼斯先生救了这个旅行者。旅行者说："我是北风，我是来吹散暴风雨的。你救了我，所以我要为你做点什么。"

为了感谢琼斯先生，北风送了琼斯先生的女儿劳拉一条雨滴项链。链子上挂着三颗雨滴。北风说，每年小女孩过生日时，他都会再送一颗雨滴。四颗雨滴，就不怕雨淋；五颗雨滴，什么雷电都伤不了她；六颗雨滴，最强的风也吹不走她；七颗雨滴，就可以在最深的河里游泳；八颗雨滴，可以让她游过宽阔的海洋；九颗雨滴，她一拍手，就能让雨停下来；如果有十颗，她用鼻

如何培养会阅读的孩子
粲然的12堂阅读写作课

子一喷气,天上就会下雨。

当劳拉已经有了九颗雨滴的时候,不小心把项链弄丢了。这个时候正好天逢大旱。北风非常生气,就把要送给她的第十颗雨滴丢了,劳拉再也没有办法呼唤风雨。

这是我小时候听到的雨滴故事的前半段,后来我在艾肯的故事里又看见它。我来告诉大家,她是怎么讲这个故事的。

故事前面是一样的,北风送了项链给劳拉,而且每一年都给她一颗雨滴,劳拉的本领越来越大。劳拉进学校上学,有个女孩嫉妒劳拉的雨滴项链,她跑去跟老师告状,说劳拉戴首饰来学校,老师就没收了劳拉的项链。这条项链很快被那个女孩偷走了。

这个时候,所有的小动物,小老鼠、小海豚、小鱼、小鸟都去帮助劳拉。因为劳拉从前经常帮助它们。它们发现雨滴项链被那个女孩转手了,最后流转到一个阿拉伯公主的手上。

劳拉一路追寻雨滴项链到了阿拉伯公主的生

第 9 课 | 童话
每个孩子的心灵安抚密码

日宴会上,她大喊项链属于她,却被阿拉伯国王赶走。这个时候北风来了,因为劳拉弄丢了她的项链,北风把第十颗雨滴丢掉,不给她了。

　　劳拉号啕大哭,好心的公主说不要哭,她把项链还给她。项链归还劳拉以后,劳拉的一滴眼泪挂在了雨滴项链上。

　　这个阿拉伯王国正逢大旱,而拥有了第十颗眼泪的雨滴项链解救了这一场危难。

你有没有发现,在许多故事里,轻松获得的贵重礼物常常会引发各种各样的问题。

　　一开始,劳拉获得雨滴项链,仰仗的是她父亲的功劳,是琼斯先生解救了北风:这个时候项链只是劳拉的一件首饰,别的女孩嫉妒她,把它拿走,劳拉就跟项链分开了。

　　怎么做才能让雨滴项链真正属于她呢?劳拉找到项链是因为她所做的好事,她帮助了很多小动物,通过她自己一直以来的努力,全世界都与她合作。所以最后第十颗雨滴,是她的眼泪变成的。她终于和她所拥有的东西合二为一。

如何培养会阅读的孩子
粲然的12堂阅读写作课

也就是说，想获得魔法，得靠自己去努力创造，也只有自己的魔法才能解救自己于困境。《雨滴项链》的故事或许已经延绵了几百年，通过一代代人流传下来。艾肯改编了这个故事，加进了小女孩的社交生活。故事讲了劳拉被别的女孩嫉妒的情节。这更容易引起现在孩子的共鸣，使它更像一个在今天发生的故事。

艾肯的故事里还有一个我特别喜欢，叫作《三个旅行者》，讲的是在一个火车站里发生的故事。

在一个大沙漠里有一个很小很小的火车站，名叫沙漠站。这个站里住了三个人，第一个是信号员，第二个是搬运工，第三个是检票员。每一天，火车都轰隆隆开过，可从来没有一个人在沙漠站下车。这三个人都没有工作可做。

信号员说："只要能使用一次信号灯，我就会开心，15年来我没有一次能够拉信号让火车停下来。"

检票员说："只要能让我检一次票，我一定会检得很好，15年了，我的剪刀都已经生锈了。"

第 9 课 | 童话
每个孩子的心灵安抚密码

搬运工说:"我想帮人搬行李,我每天都在练举重,可是我连帮人拿一下帽子的机会都没有。"

有一天,搬运工说:"我已经存下足够的钱了。我要坐一次火车,让你们可以发一次信号,检一次票。"搬运工上了火车,跟随火车向东方出发,他去了很多城市,三天后他回来了,还给另外两个人带了礼物。

第二个星期,信号员登上火车去西方旅行。下一个星期六,他回来了。他说,他也去看世界了,去的是大海和大山。他也给另外两个人带了礼物。

第三个星期,检票员说:"我也要去旅行。"结果搬运工和信号员,一个说东方好多城市,东方是世界;另一个说,西方有大山大海,那才是真正的世界。

检票员说:"我既不去东方,也不去西方,我要去北方。我要穿越火车线去前面的方向,看看前面到底有什么。我不坐火车,我要用我的脚走。"

他慢慢地走远。当天检票员就回来了,他说

如何培养会阅读的孩子
粲然的12堂阅读写作课

他也去看世界了。他从这里向北走了两个小时,看到了一片绿洲,那里有泉水、草地、鲜花、橘子和柠檬树。

他给他们带来了一个橘子和一朵鲜花。

从此以后,在没有火车经过的星期天,沙漠车站空无一人。这三个人手拉着手去了那片绿洲。于是,在这个车站的站牌下,在"沙漠站"三个字的下面,有了"通往绿洲"的指示牌。

无论是城市、大海或是大山,见过的世界仅仅只是见过的世界。但是,你步行可至的那个你心灵沙漠的、能够改变你和身边人命运的绿洲,你一定要去找到它。

最重要的是让你的旅程和你的生命相连,那才是你生命中有意义的下一个锚地。

我把这个故事送给你,三个旅行者选了三条路去旅行,但是人生从来不是向前走、向后走,不是向东走,也不是向西走。朝任何一个方向走,都是人生的可能性。你不能只去看外面的世界,而是要去寻找一个跟你的命运相连的地方。

第 9 课 | 童话

每个孩子的心灵安抚密码

通过这么多好听的童话,我就是想和你说说"童话"这个文体本身。

如果我们仅仅在童话里看到长得很美、穿得也很美的公主,长得很帅、总是骑着白马的王子,又或者仅仅看到不劳而获的宝物,逢凶化吉、遇难成祥的魔法,那我们就没有领会童话的真意,没有领会一代又一代把童话流传下来的、坐在小床旁讲着故事的成年人心里的担心、期待和祝愿。

童话是一个个关于成长的谜语,在每个童话里,汲取爱和勇气,汲取朝前走的力量。百折不挠地、微笑地走下去吧!

思考与对话

你最喜欢的童话故事是什么

粲然:向我推荐一个你最喜欢的童话故事吧,并说说你喜欢它的理由。

安妮：《三只小猪》！因为那里面最大的猪，用出了它全身的力气，建了一座好牢固的房子，比其他两只小猪的房子都建得牢固。大灰狼那么用力地吹气，房子还是倒不了。当时那只最大的猪在建房子的时候，就只是专心建房子，不管其他的事，没有贪快呀，但是其他的小猪就"贪快"，就想要建完，赶紧去玩，去唱歌跳舞，不过我也很爱唱歌跳舞。但如果是我，我要先建一个家给自己住，保护自己。然后，我也要建一个非常牢固的王国在我心里。

安妮的妈妈：好，我也可以帮你去捡一些材料哦。

思源：我最喜欢的童话是《小克劳斯和大克劳斯》，因为小克劳斯特别聪明、勇敢、善良，想害他的人都反而会害到自己。

橙子：我最喜欢的童话故事是《杏仁夹心糖果猪》中的"果酱里的小人儿"。因为这个小人儿住的地方很有趣，并且这个小人儿能得到一切他想要的东西。所有他用的东西都是从神奇的果酱里来的。小人儿说他会从一个果酱瓶搬

第 9 课 | 童话

每个孩子的心灵安抚密码

到另外一个果酱瓶。我希望能拥有这样的一瓶果酱，也住在果酱里，因为我想见见这个小人儿。

但是我也不想一直住在果酱里，我还是想回来的。因为果酱里你想吃什么就可以吃什么，如果我一直住在那里的话，很快我就会觉得无聊的。还是真实的世界好，真实的世界里有更多的乐趣。

一起来创作

改变命运的故事

在水妖的故事里，爸爸、大女儿、二女儿都一再犯错，直到小女儿改变自己的选择，故事才走向好的结局。想一想，你有遇到什么一而再、再而三，反复出现没有解决的问题吗？请仿照《水妖的俘虏》创造出属于你的改变命运的故事，一起来写写看吧！

第 10 课

人生
你想过怎样的人生

学习如何过自己的人生绝对不能像学习数学、科学一样，光靠读书是无法明白的。我可以教你英文、几何、代数，但是，我无法教你，人聚在一起组成社会，每个人在其中过着各自的人生，具有什么样的意义、什么样的价值。最后的关键依然在你自己。不是别人，就是你自己。

第 10 课 ｜ 人生
你想过怎样的人生

开始这一章的内容之前，我们先来猜个谜语吧！请问什么东西早晨用四条腿走路，中午用两条腿走路，晚上用三条腿走路？

你猜到是什么了吗？不是怪物，不是机器，答案是"人"。

这个谜语是希腊神话中一个叫"斯芬克斯"的怪兽出的难题。斯芬克斯向每一个路过的人提出谜题，谁要是回答不上来，就是不能认清自己，会被吃掉。

这个谜语确实难猜，因为它把人的一生浓缩在一天，用早晨、中午、晚上指人生中不同的时期。早晨是一天的开始，就像人刚刚出生。小宝宝刚开始不会走路，用两只

如何培养会阅读的孩子
粲然的12堂阅读写作课

手、两只脚爬，所以早晨是四条腿走路；中午是一天中最热烈最明亮的时候，人长大了，成为一个有力量的大人，只用两条腿走路；到了晚上，太阳落山，一天将要结束，就像人的晚年，人老了，走路要借助拐杖，算上拐杖，是三条腿走路。从日出到日落，如同人生的历程。

你觉得把人的一生比作一天，有创意吗？

古往今来，人们对人生有很多的比喻。譬如，有人说，人生像河流，蜿蜒向前；有人说，人生像一本书，里面的故事很长很长；有人说，人生像一部电影，主角是自己，情节有快乐也有悲伤；还有人说，人生像一首诗、一支歌。但是没有人说人生像一台冷冰冰的机器，或者人生像一串没有感情的编程代码，人生像没有味道的水。

因为，人生如此丰富，它发展着、变化着，满怀情感。地球上有150万种动物，只有人，怀着充沛的感情在生活，直到生命结束；也只有人，会思考自己的生命，并且把关于人生的思考分享、记录下来，于是有了源源不断、极其卓越的文学艺术作品，包括书籍、绘画、雕塑、戏剧、电影等。现在，让我们说说那些向孩子讲述人生意

第 10 课 | 人生
你想过怎样的人生

义的重要书籍吧!

> 粲然和你一起读

人生之书

《你想过怎样的一生?》是一本书的名字。书的诞生源于一份礼物。作者海克·法勒（Heike Faller）是《时代周刊》的编辑，当她看到刚出生的可爱侄女躺在床上，朝这个世界眨眼时，突然想到，这个小宝宝即将开始一段奇特的人生之旅。她羡慕侄女拥有全新的人生，同时又为侄女未来会经历的人生磨难感到难过。

她因此萌发了创作灵感。她要创作一本独一无二的书，让侄女知道自己即将要面对的一生。

她采访了不同年龄、不同社会地位、不同国籍的人，只问他们一个问题:"生活教会了你什么?"

如何培养会阅读的孩子
粲然的12堂阅读写作课

她把这些故事集合起来,将人从出生开始的每一岁对生命的感受,用一句话概括,并邀请优秀的插画家把它们画成精美的图。就这样,她将0～100岁人类共同的感受和经历画成了这本书。

从头翻到尾,逐页阅读,就是逐年地顺着一生的时间,经历我们每个人都可能遇到的事情。

我和朋友们、孩子们一起读这本书时,总喜欢玩这样的游戏。我说:"你几岁,就翻到书中相对的页数,看看书里描写的那个人是不是你。"很多人从书里看到了自己,看到了自己的遭遇和命运,并且知道,随着年龄增长,他们会和书中的人拥有共同的经历,获得相似的感受。

1岁半时,你知道,妈妈离开后还会再回来。你懂得了这个道理,便学会了信任。

4岁多,快5岁时,你已经尝过许多的味道。

6岁,你学会了在早晨7点起床,因为你要上学了。

7岁,你对世界充满了好奇,你仔细观察周围的一切,也学会了发呆。

第 10 课 | 人生
你想过怎样的人生

8 岁，你越来越自信，但也不再盲目地相信一切。

9 岁，你发现世界太大了。

10 岁，你了解到人类的历史中有残酷的故事。

11 岁，你意识到自己对故乡产生了情感。

12 岁，在许多方面，父母已经远不如你。

怎么样，有没有说中你的情况呢？

请你认真想一想 现在请你用一句话写下来：你几岁，正在经历什么？有什么心情？

这本人生之书一直写到 100 岁，也就是说，它还向现在仍是儿童的你，揭示了未来会发生的事情。我邀请你提前来了解一下吧！

17 岁时，你遇到了不可思议的事情——你有强烈的、爱人的感觉。

19 岁时，有时你会讨厌自己，你会想"我可以改变自己吗"？

如何培养会阅读的孩子
粲然的 12 堂阅读写作课

25 岁时，更成熟的爱出现了，你想和爱人一生一世在一起。

39 岁时，你发现自己从未如此深爱过一个人。他是你的孩子。

43 岁时，你学会了为自己而活。

51 岁时，你接受了父母的样子。

75 岁时，你学会了遗忘。

91 岁时，还能有一个老朋友陪伴，是一件非常美好的事情。

98 岁时，你觉得自己就像一个孩子，正如曾经那样。

这不是占卜，不是预言，不是魔法，更不是人生的偶然。它是大部分人人生的共性。

这本书的作者采访了许多人，其中既有小学生，也有 90 多岁的老人；既有很有名气的人，也有生活落魄、不如意的人；既有生活平静的人，也有家乡正在经历动荡的人。

她意外地发现，许多背景差异很大的人，在同样的人

第10课 | 人生
你想过怎样的人生

生阶段，对世界的理解竟有一些相似之处。在不同的年龄，我们生命中重要的人——父母、朋友、爱人，会登场、变化，也有人退场；我们的身体遵循生物学规律，生长、成熟、衰老；我们的足迹从家到学校到世界各地，我们途经他乡，或者离开家乡。正因为这些经历的共性，我们对世界有了类似的理解。

这种共性，是我们人类珍贵的群体财富。

第一，它使我们在体验当下的人生时，能够与我们认识或不认识的无数同龄者，产生心灵的共鸣。

你开始知道，孤独不只是你一个人心中的感受，同样有人在你这样的年龄感到忧伤。你发现自己和同龄人有过或有着相似的困扰，他们可能是你真实生活中的同学和朋友，也可能是你读的文学作品中和你年龄相仿的孩子。他们遇到的情况，你感同身受。当然，你的内心深处必然也有一种渴望，希望有人对你说"我懂你"。

第二，它使我们在不同人生阶段的生活交织在一起时，能多一点理解，对待别人多一些温柔。

如何培养会阅读的孩子
粲然的12堂阅读写作课

你的生活中除了有同龄的伙伴，有比你大了二三十岁的爸爸妈妈，还有比你老五六十岁的爷爷奶奶，可能还有比你小几岁的弟弟妹妹。每个人年龄不同，每个人的故事发生在这本书不同的页码。

奇妙的是，因为我们共同生活，不同的人生就交织在一起了。困难的是，我们很难理解还未经历的人生，交织的生活中容易发生摩擦。但还好，人生有共性，这就让我们有机会，在没走到老年时，理解属于老年人的人生。

我的孩子米尼6岁时，曾经不理解他的爷爷。爷爷在经历一场大病后，耳朵听不见了，记忆力也变得很糟糕，总会忘记很多事，和这样的老人生活在一起当然是不方便的。我的孩子有一次就突然说："我不喜欢爷爷了。"

我感到很难过，我知道这是为什么，但我不太知道怎么办。所以我只能这样告诉他："爷爷奶奶跟你差了五六十岁，所以爷爷奶奶的爱和你的爱差了五六十年。现在我真的很想有一台哆啦A梦的时光机，这台时光机能载你去往五六十年后的未来，到那里你就会明白为什么爷爷在双耳失聪、记忆力缺失的情况下，还会每天哈哈大

第 10 课 ｜ 人生
你想过怎样的人生

笑地跟你说话。现在我给你一个魔法。这个魔法，等到五六十年以后你再去找寻它。五六十年以后的孩子，你不用担心，虽然说你之前在 6 岁的时候说你不喜欢爷爷，但你不需要愧疚，也不需要自责。不喜欢爷爷，就不喜欢爷爷，你可以为自己的感情做决定。无论你对爷爷怎样，爷爷永远爱你，至死不渝。"

我的孩子听完就流下了眼泪，我也流下了眼泪。他主动提议大家一起想办法，好让他觉得有这样的爷爷也很好，很珍贵。我觉得，这样的孩子很真实，同样，他们也充满勇气。跨越年龄的爱，跨越年龄的对彼此心灵的支撑，是我们互相交织的人生中珍贵的礼物。再努力一下，让我们一起获得它。

第三，人生的共性还告诉我们，未来的人生值得期待，请现在的你有所准备。

你对未来有什么期待呢？有的孩子说，近一点的未来，我最期待放假；有的孩子说，远一点的未来，我最期待成为游戏主播。

如何培养会阅读的孩子
粲然的12堂阅读写作课

是的,我们知道学习之后有考试,考试之后会有假期;学业完成后,你会从事一份工作;年轻时会开始恋爱,到了一定年龄,有的人会结婚,而很多人会离开父母的家。

人类的全部活动:生存、娱乐、社交、学习、工作、婚姻、生育……这些事情里都有快乐、幸福的体验。未来越远,越可以慢慢准备;人生越长,困难就越会变淡变小。

有时,我们觉得人生好难,只是因为不知道后面会有什么。那些人生中相似的、共同的部分告诉我们,困难是恒常的,但后面还有很多充满惊奇的事在等着我们,要坚持走过去,到未来里去。

> 粲然和你一起读

人生中最重要且基本的一些事

你收到过信吗?

第 10 课 | 人生
你想过怎样的人生

　　写信,是用纸和笔向另一个人诉说,和他分享你的生活。如果你收到过信,就知道它的诉说和分享与说话不一样,与网络聊天不一样。它停留在纸上,带着人亲笔书写的痕迹。我们在读的时候,总要停下来想一想,还能反复阅读。

　　在三五锄全国儿童读书会上,近 90 个城市的孩子在进行南来北往的通信。孩子们在信里交流着自己故乡好吃好玩的东西,交流看书的体会,在冬天和困难时节互相打气。这些信虽然很孩子气,但感人至深,也鼓励了很多成年人。

请你认真想一想　如果你有心事,想写信向他人诉说和分享,并期待收到他的回信,你会想写给谁呢?

　　现在我要说的两本非常重要且美好的书,也和信有关。有两个孩子,分别收到了来自大人的很重要的信。

　　一个叫莉莉的 7 岁女孩,生活在英格兰。她的外祖父,就是外公、姥爷,有一天想到:要是

如何培养会阅读的孩子

粲然的12堂阅读写作课

10年后外星人光临地球，会怎么观察人类？肯定会觉得人类莫名其妙吧。比如，倡导和平的同时，又有战争；创造了伟大的艺术，也把世界弄得丑陋。外星人肯定也搞不清人和人之间为什么会有那么多种的关系和情感。

外祖父就觉得：糟了，这些事情，不但令外星人感到困惑，到时已经17岁的莉莉，应该也很想知道这个世界是怎么回事吧。

所以，莉莉的外祖父，艾伦·麦克法兰（Alan Macfarlane），剑桥大学一位著名的社会人类学教授，就提前设想，莉莉到时正处于喜欢思索和提问的年龄，会问我什么重要的问题呢？教授运用自己的丰富学识和经验，写了30封信给10年后的莉莉，好帮助莉莉理解人类文明和历史，更自如地进入这个飞速变化的世界。

这些信向莉莉解释了家庭、社会、爱情、友谊的奥秘，介绍了权力和暴力、经济和现代通信、身体和头脑，等等。

30封信集合成了一本书，叫《给莉莉的信》。这本书既是专门为莉莉而写的，也适合比她大或者小的人，以及

第 10 课 | 人生
你想过怎样的人生

不同国家的人阅读。这本书被翻译成了不同的语言，被认为是了解世界的必读书。

另一位收到信的孩子，大家叫他"小哥白尼"。他是一个 15 岁的男孩，生活在日本。他的爸爸在两年前去世了。爸爸一直希望小哥白尼能成为"了不起的人"，所以妈妈和舅舅，都很关注他的心灵，也注意培养他的智慧。

舅舅是个大学毕业生，小哥白尼和他聊天感到很愉快，所以他和舅舅相互写信。

小哥白尼告诉舅舅他在学校里和朋友之间的故事。比如，班里有同学被起了难听的外号，受到欺负，他的一位勇敢的朋友为了维护这个同学，和人打了一架。比如，他结交了一位贫穷的朋友，去朋友家拜访时，发现大家的生活很不一样，内心很受震动。还有，在朋友受到高年级孩子挑衅时，其他几个好朋友一起加入了战斗，而他当时只是在旁边看，没有加入，事后感到十分后悔。

除了这些具体的事情，他也把自己对世界运转的抽象思考，写在给舅舅的信里。

如何培养会阅读的孩子
粲然的12堂阅读写作课

舅舅每次都认真地给他回信。在舅舅的启发与引导下，他们一起探索了友谊、贫富、歧视、霸凌、人与社会、勇气等重要课题。

小哥白尼慢慢地发生了改变。他还在思考如何成为"了不起的人"，但他确定，自己要先成为一个好人，这样就有能力为世界创造更多价值。

小哥白尼和朋友的故事，和舅舅的对话、往来的书信，都写在一本叫《你想活出怎样的人生》的书里。作者是日本的作家、明治大学的教授吉野源三郎。

这本书深深影响了很多人，包括著名的动画大师宫崎骏。宫崎骏在小学时就读到这本书，到他70岁时，还对这本书有着深刻的印象。他认为，这本书传达出这样的信念——无论时代如何困难、残酷，都要活得像一个真正的人。

《给莉莉的信》《你想活出怎样的人生》，这两本书的成书时间，距离现在已经过去了几十年。这两位收到信的孩子，莉莉和小哥白尼，向外祖父、舅舅提出的问题却没有过时。它们是每一个思考者不变的困惑，无论思考者是

第 10 课 | 人生
你想过怎样的人生

青少年还是成年人。同样，外祖父和舅舅的回答也没有过时，它们是每一个思想家可能给出的答案。

无论是给莉莉的信，还是给小哥白尼的信，都解答了人生中最重要且基本的一些事。

我们在成长中遇到的大部分困惑，实际上都是这些人生困惑中的一部分。而我们不断寻觅的重要答案，就是面对人生困惑做出的回答。

外祖父教授和大学生舅舅的思考固然是清晰而睿智的，不过让这些信件如此与众不同的原因，是大人出于对孩子的爱和尊重，才系统地讲解这个世界。上一辈智者知道自己不会永远留在这个世界，所以深感有必要将他们所理解的世界之道告诉后辈。这些信件中，没有那种"我是比你更聪明的大人""我是了不起的老师"那样高高在上的说教，而是深入浅出、娓娓道来。

但是，我不只是希望你去读这些智者之信，学习别人了不起的思想。

如何培养会阅读的孩子
粲然的 12 堂阅读写作课

用小哥白尼舅舅的话来说:"学习如何过自己的人生绝对不能像学习数学、科学一样,光靠读书是无法明白的。我可以教你英文、几何、代数,但是,我无法教你,人聚在一起组成社会,每个人在其中过着各自的人生,具有什么样的意义、什么样的价值。最后的关键依然在你自己。不是别人,就是你自己。"

因此,我更想鼓励你,一定要像莉莉、小哥白尼那样,积极、勇敢地去思考、去提问。

你可以像莉莉一样,问"是什么""为什么""怎么样"。你也可以像小哥白尼一样,"当你心有所感、有什么想法从内心深处涌现时,一定要想清楚,自己在什么情况下、对什么事情、有什么感觉,从自己的亲身体验出发,诚实地思考这些事的意义,千万不能有一丝敷衍"。

如果你有一个可以相互写信的人,你可以给他写信;也可以写日记向自己提问;当然,你在阅读我提到的这两本书时,外祖父和舅舅也正在通过你翻动的纸张,在你停留的地方,与你对话呢!

第 10 课 | 人生
你想过怎样的人生

> 粲然和你一起读

我的人生有什么使命

接下来,我们来谈论一本记录了真实人生故事的书。通常来说,我们所读到的真实故事,多多少少都和自己的生活有相似之处,但是这本书中的人生故事非常不一样,实际上,我们也希望这样的故事在地球上不再发生。

这是著名心理学家维克多·弗兰克尔(Viktor Frankl)的人生故事。

弗兰克尔是一个医学博士,是一名犹太人。很不幸,他生活在第二次世界大战时的欧洲。在纳粹时期,弗兰克尔的全家都被关进了奥斯维辛集中营,家人都被分开了。昔日年轻有为的医生成了集中营里编号 119104 的待决囚徒。弗兰克尔记录了在集中营里遭受屈辱、饥饿、劳役、疾病、死亡威胁的日子。他被关了三年,战争结束后,他重获自由,才发现他的父母、妻子、哥

如何培养会阅读的孩子
粲然的12堂阅读写作课

哥,全都死于毒气室中,只有他和妹妹幸存。

但走出集中营的弗兰克尔不但克服了这炼狱般的痛苦,更将自己的经验与学术结合,开创了意义疗法,替人们找到绝望时生活下去的意义。他的经历见证了人性可以多么光彩夺目。

弗兰克尔的一生对生命充满了极大的热情,67岁开始学习驾驶飞机,并在几个月后领到驾照。80岁还登上了阿尔卑斯山。他成为集中营的幸存者中活得很久的人,也结出了丰硕的智力成果。

弗兰克尔把自己在集中营的经历写成了一本书,叫《活出生命的意义》。故事的焦点不是大家常听到的集中营里的恐怖遭遇,而是一些小的磨难,以及在这些磨难中,如何积极地活下来。

集中营把人的地位、财富都剥夺了,人们吃不饱、穿不暖、睡不好,还担惊受怕,可以说是人间地狱,很多人都没有精力关心别人。

第 10 课 ｜ 人生
你想过怎样的人生

但是弗兰克尔说，在集中营里生活过的人，都记得那些走过一个个屋子安慰别人、把自己最后一块面包给了别人的人。这样的人可能不多，但足以说明一点，有一样东西是强权者不能从他人的手中夺去的，那就是最宝贵的心灵自由。无论面对何种境地，受到赞扬，受到批评，被人怒骂，被人质疑，又或者面对重重困难，我们仍然拥有选择自己的态度和行为方式的自由。

所以，不要再找借口，不要陷入诸如"我很可怜""我条件不好"的种种抱怨之中，每个人的命运都是独特的。要为了对自己、对家人的爱而坚持下去，找到自己人生的责任，活出生命的意义。

《活出生命的意义》这本书曾经感动了千千万万人。它曾被评选为美国最富影响力的 10 本著作之一。到今天，这部作品被翻译成 24 种语言，销量已达 1 200 万册。

《活出生命的意义》这本书也许会在某一天与你相遇。在我无数次陷入低谷的时候，这本书像火炬一样照亮了我的前路。我想，没有一种人生，没有一个时代，只拥有痛苦、抑郁、焦虑和虚无。在你的童年中，你也许也会遇到

如何培养会阅读的孩子
粲然的12堂阅读写作课

自己的孤独、愤怒、痛苦,又也许会受到不公的对待。不要害怕这些东西,鼓起你的勇气,点亮你心里的火把,活出生命的意义。

随着生活条件的改善,医疗保健的进步,人类的最长寿命和平均寿命都在持续增加,未来人类有可能活到150岁,甚至更老。我们生活在和平之中,不受严重暴力和恐惧的侵扰。我们会活很久很久。

可能在几年后,甚至好多年后,你才会思考"我会过一种什么样的人生""我的生命有什么使命"。很荣幸,在现在,我就能把这些话讲给你听,告诉你有许许多多人相信你们,相信你们的时代,相信经过你们的努力,这个世界一定能越来越好,文明能够愈加辉煌。

在遇到未来世界之前,不停寻找,不停鼓起勇气。加油啊!

第 10 课 | 人生

你想过怎样的人生

思考与对话

哪些事会引导你想象未来

人生的意义对于孩子来说似乎有些深刻，有些遥远，但它却是我们每个人的必修课。虽然你还小，但我也想邀请你思考自己的存在，思考自己的未来，思考你所生活的这个世界。10岁男孩米尼依然困惑，可是他也有自己的理解啊！

粲然：米尼，我想问你，最近有什么事情，会引导你脱离自己的日常，去想象别人是怎样的，世界是怎样的，未来是怎样的？

米尼：看《神雕侠侣》的时候，有一个杀人不见血的女魔头，叫李莫愁。她死得很惨。她被一种叫情花的毒刺刺中，当她一有有关爱情的念头时，就会感到剧痛。她痛得跳入火海自杀了。我觉得她很可怜，因为她失去了自己的爱人。我想，爱情可能就像情花一样，好看的花开的时候，伤人的刺也在。好看的花凋谢了，伤人的刺还在。

如何培养会阅读的孩子
粲然的12堂阅读写作课

粲然：米尼，那你觉得最痛苦的人生会是什么样？最令人感到幸福的人生又是什么样？

米尼：让人感到幸福的人生是万事如意的人生。痛苦的人生就是没有运气的人生。做人嘛，万事靠运气。

粲然：米尼，你觉得人生的意义是什么？你想推荐哪本书呢？

米尼：天啊！这是我最害怕的问题。我不知道意义准确指的是什么。意义应该指的是贡献吧！我想，对妈妈来说，我存在的意义就是让她更烦恼。对地球来说，我存在的意义是多浪费生存空间和资源。对作业来说，我存在的意义就是伤害它，所以我们不应该写作业。

关于人生的意义，我想推荐《射雕英雄传》《神雕侠侣》整套书，它讲了郭靖的一生，从一个只会练武的普通小孩，变成一个大英雄。在国家危难的时候，他守护了襄阳城，保护了人民。他感动了很多读者。我想这就是郭靖这个人物的重要意义。

第 10 课 | 人生
你想过怎样的人生

一起来创作

给 10 年后的自己写一封信

- 你可以想象一下，10 年后的你身高、样貌如何，有什么优秀的地方。
- 倾诉你现在遇到的一个困难，说说你打算怎样解决它。
- 说说你最近看的书，问问 10 年后的你是否还记得。

第 11 课

神话
"我是谁"的终极答案

神话故事的本质和内核没有变,它就像原石一样,无论在哪里,都充满了勇气,蕴含着宇宙中最原始的人类文明的密码。

第 11 课 | 神话
"我是谁"的终极答案

你是否发现过一个奇怪的现象?全世界的孩子抬头仰望天空,问"月亮上有什么"时,有 50% 的可能,他们会得到某个类似的答案。这样的答案,来自天文学家,是符合科学的描述。但还有 50% 的可能,他们会得到迥然不同的答案。

日本孩子会知道,月亮上有辉夜姬。希腊孩子会得知月亮神是阿耳忒弥斯。而咱们中国的孩子,大人会告诉他们,月亮上有座广寒宫,广寒宫里住着仙女嫦娥,一只捣药的玉兔陪伴着她。真有趣,不同文化中的孩子得到不同的回答。

如何培养会阅读的孩子
粲然的 12 堂阅读写作课

　　这些回答，是不同民族的祖先所存留的、关于世界方方面面的想象与解释。这些充满瑰丽想象的故事流传至今，就是神话。

　　在上千万年前，人类最早的祖先还衣不蔽体、食不果腹。他们生活在恶劣凶险的大自然中，要面对野兽突如其来的侵袭，遭受烈日、骤雨和突发灾难的考验。然而，人类的祖先对这个世界，也像现在的孩子一样充满好奇。他们不停地提问：天地是怎么形成的？人类是怎么出现的？人死后去了哪里？为什么只有一个太阳？春夏秋冬是怎样形成的？还有其他类似的问题。

粲然和你一起读

神话里面有什么

　　人类最早的祖先从天空大地、山川河海、花树草木、飞鸟走兽中找寻线索，想象着世界的来龙去脉。每天晚上他们围在篝火边说话，像拼凑拼图一样，你拿出一块，我

第 11 课 ｜ 神话
"我是谁"的终极答案

加入一块，拼凑出他们对这个世界的秩序的解释。例如，天地怎样从混沌中被创造出来的？人如何诞生？日月星辰怎样轮值守护天地？神仙发怒会引发多大的灾难……那时文字还没有产生，于是同系列的故事就由山这边的人告诉河那边的人，由一代人传递给下一代人，慢慢地，传播得又远又广，成为某一类族群的共识。有许许多多神话镶嵌在各种民族文化之中，一直保存到了现在。

你现在还相信嫦娥奔月、玉兔捣药的故事吗？有赖于越来越发达的科学技术，我们都已经知道了月球上的真实情况：那里一片荒芜，连空气都没有。可是，举头望明月，你是不是还是会不由自主地寻找嫦娥和玉兔的踪影呢？

你可能会问："神话不科学，是以前的人想象出来的。我们为什么还要重温它、记住它，甚至还要在某些节日里回顾它呢？"

是的，在被科学武装起来的当代人面前，神话是对世界过时甚至有点可笑的解释。自 17 世纪科学体系搭建以来，很多人的确曾想过要和古老的神话决裂。但自古至今，直到此刻，我们从未按下过"神话删除键"，只要是人类曾驻足的地方，神话都经久不衰。你可以放心地敞开心扉，去拥抱神话。原因如下。

第一，神话保留和蕴藏着人类最深层的创造力。

科学很有创造力。实际上，神话也蕴含着人类文明巨大的原生创造力。正因为远古时期没有现代科学，解释世界只有靠观察和想象。神话不只是一个人的想象，是远古人类集体的智慧、理想和想象力的结合。神话在流传的过程中，也不是一成不变的。许许多多不同时代的人把对世界的理解、想象和阐述汇集在一起，如涓涓细流汇入大海，成就了神话的宏大体系。神话源远流长，凝结成晶莹闪耀的故事琥珀。它是时间和文明的馈赠，透过它，我们得以直接触达人类千百年创造力的核心，并深深受到震撼。

第二，神话给我们的心灵带来稳定的支持。

因为要解释天地从哪里来、人类从哪里来、会到哪里去，所以神话把有关天、地、人循环系统的故事构建得上下有序、脉络分明。它就像一个三角形一样，非常稳定，不会轻易变形。在各民族的神话故事里，从来都是天地有

第 11 课 | 神话
"我是谁"的终极答案

序。宇宙是一层一层的,天上、地面、海里、地下,有各种神幻力量在支持着整个天地的运转。神仙的力量、好的力量会对抗象征混乱和破坏的怪物和巨魔。善会战胜恶,保证世界安然运行。

在你很小的时候,天空深广远大,而你那么小,那么香。爸爸妈妈把你抱在怀里,慢慢跟你讲神话故事。你从这些故事里一点一点知道宇宙是平衡的,是有规则的,于是,你不会因为自己太小感到不安,也不会因为宇宙太大而感到恐惧。在茫茫天地里,神话故事和爸爸妈妈的怀抱,给了你一个最初存在的支点。世界级神话学家约瑟夫·坎贝尔(Joseph Campbell)[①]因此总结说,神话就是人类的育儿袋。

第三,神话深刻地嵌入我们的家园故乡,是我们身体里的民族文化和历史的密码。

每个民族的神话都记载着每个民族的山河;每个民族

[①] 美国知名作家,影响世界的神话学大师。他创造了一系列影响力巨大的神话学著作,其中作为坎贝尔"单一神话"观的奠基之作《千面英雄》已由湛庐引进,浙江人民出版社于 2022 年出版。——编者注

的神话里都有其民俗的由来；神话里的主人公就是一个民族中所有人的祖先。你所听到的神话故事呼应了你所生活的地方，像人生的指南针，指出了你是"哪里人"。

每个人从小都应该读一读神话，神话和科学并不冲突。科学帮助整个人类社会进步，而神话滋养、定位和塑造了每个人的心灵。这两种力量将带领我们，深入广阔无边的宇宙，同时沉浸于广阔无边的心灵中。

在这一章中，我将为你讲述日本、北欧、希腊、中国的4个神话故事，让我们通过神话之门，去看看它们展现了什么样的奇幻图景，又是如何穿越时空与我们的心灵产生共鸣的吧！

粲然和你一起读

我要了解他真诚的心灵

我要讲的第一个故事，是日本著名的神话传说《辉夜

第 11 课 | 神话
"我是谁"的终极答案

姬》。听听看,你会不会发现熟悉的故事的影子?

很久很久以前,有一个穷苦的老爷爷,在山上发现了一棵会发光的竹子,里面居然坐着一个很小很小的漂亮的小姑娘。老爷爷很高兴,把这孩子带回家去,和老婆婆一起养育她。

从此,老爷爷每次去砍竹子,都会发现竹筒中有许多黄金,家里富裕起来。而这个小姑娘像竹子一样神速地长高长大,她的美貌令屋子里充满了光辉,看到她的人都会心情愉悦。人们给她起名叫"辉夜姬",意思是可以照亮夜晚的女子。辉夜姬陪伴着老爷爷、老奶奶,度过了很多幸福的时光。

辉夜姬的美貌一传十、十传百,全国皆知。有 5 名贵族子弟向她求婚,她却说:"无论对方地位多么高,相貌多么好,我如果不了解他的心灵,都不会同意和他结婚。谁能克服困难,将我最喜欢的东西给我取来,谁就是最真诚的人,我就做这个人的妻子。"

辉夜姬提了 5 个要求,索要的是世上稀有的 5 种宝物。结果这 5 个求婚者,有的嫌寻宝的路

如何培养会阅读的孩子
粲然的12堂阅读写作课

途遥远，拿假的宝物来顶替；有的自己不行动，只发号施令派人去找，空手而归；有的过于愚蠢，没得到宝物反而受了重伤。5个人都失败了。关于辉夜姬的美貌的传言继续流传，连这个国家的皇帝都来求爱，但也同样遭到辉夜姬的拒绝。

最后，辉夜姬向大家说明了她的身份，原来她是月亮上的公主。在一个满月之夜，来接她的天兵天将降临人间。辉夜姬依依不舍地拜别了养育她的老爷爷和老奶奶，吃下长生不死的灵药，穿上用羽毛做的仙衣，忘却了人间的情感，飞回月亮。人间只留下清冷的月光和这段美丽的传说。

日本辉夜姬的故事是不是让你觉得有点熟悉？也许你会联想到中国的嫦娥奔月。世界各地出现了许多相似的神话故事。有的是文化在流传的过程中相互影响，还有许多神话不约而同地开出了相似的花。这是因为，尽管世界各地的人类群落说的话、吃的东西、穿的衣服有所不同，可是，人类的心智都有相似的发展过程，于是用来解释世界的神话，就有了类似的模样。

第 11 课 | 神话
"我是谁"的终极答案

这也是我们读全世界神话时的一个秘诀。不同地方的神话故事里，虽然有一些拗口的名字和复杂的人物关系，有一些离奇的情节，但是故事背后，是人类共通的思考与情感。站在古老的神话大殿门前，你的心灵是打开它的钥匙，百试百灵。

辉夜姬的故事也是这样。她回到月亮之后，不会衰老，不会有痛苦。人们喜欢这个神话，喜欢的不是那个飞回月亮、不悲不喜的仙女，人们喜欢的是她在人间的故事。

爱，是人间最珍贵和美丽的感情。正因为坚定地守护自己的爱，辉夜姬的美才如此明亮。辉夜姬说："我要了解他真诚的心灵。"

5 种最华丽、最珍稀的宝物，要远渡重洋、深入龙潭虎穴才能获得，这寓意获得像稀世珍宝一样的爱必须付出忘我的努力。而求婚者的失败，说明爱不能通过欺骗得到，不能假手于他人，更无法通过愚昧的行动得到。人们用庞大的财富来交换它，用整个王国的权威来要求它，也不能得到它。

如何培养会阅读的孩子
粲然的12堂阅读写作课

辉夜姬虽然回到月亮，令人惆怅，但也保有了她对真挚无瑕的爱的要求，让人觉得这个故事虽然有一点淡淡的悲伤，却非常洁净、美丽。人们咏叹着高贵的美与爱是稀世珍宝，一代又一代地把辉夜姬的故事传递下去。

这就是我为你打开的第一扇神话大门，一个关于爱的故事。第二扇神话大门，我们要往西方去，去到奇特的北欧神话世界。

粲然和你一起读

追求智慧的众神之神

一般来说，神仙所在的神界仙国似乎都充满了幸福，但是北欧神话不一样，因为这里的神知道，他们总有一天会遭受失败，他们是会死的，那个关于末世毁灭的结局叫作"诸神的黄昏"。

连神都这样，人类当然更加无助，但是在无可避免的

第11课 | 神话
"我是谁"的终极答案

失败面前，诸神和人类仍然奋力抵抗邪恶。

北欧的众神之王——奥丁心情沉重，他要尽可能推迟那一天的到来。

奥丁看起来非常威严，他有着独眼，长着白色的长须，手持永恒之枪，戴着黄金臂环。他肩上停着两只乌鸦，一只代表"思想"，一只代表"记忆"。它们不停地跟他说全世界发生了什么事。奥丁的地位高于所有的神和人，但他仍然不断寻求更多的智慧。

为了获取更强的神力，他不惜把自己倒吊在世界之树的枝条上，身体被长矛刺伤。在九天九夜的时间里，他忍受着风吹雨打，瞪着眼睛看着落满小树枝的地面。终于在第九个晚上，他看到世界之树落下的树枝组合成形，变成了文字和符号。就这样，他发现了如尼文的奥秘。

奥丁把自己历尽艰辛而学到的知识分享给其他的神仙，也传给了人类。从此，人类就拥有了读和写的能力。

奥丁为什么是独眼呢？这也和他追求智慧有关。在世界之树的树根所扎到的地方，涌出一口

如何培养会阅读的孩子
粲然的 12 堂阅读写作课

有魔力的泉水,叫作"智慧之泉"。看守它的巨人名叫密米尔,密米尔天天喝泉水,成了智者中的智者。

奥丁渴求智慧,就去向密米尔要一口泉水喝。密米尔微笑着回答:"奥丁啊!智慧之泉的代价是你的左眼!"于是奥丁把自己的左眼掏出来送给密米尔,喝到了一口智慧之泉的水,只喝到了一口。从那之后,他也成了智者中的智者。

奥丁还设下计谋,从巨人那里偷到了"诗仙蜜酒",喝了蜜酒,他成了掌握诗歌的人。他也把这份贵重的礼物送给了一些人类,从此人间有了伟大的诗人。

虽然是神话,但我每次都感动于奥丁把自己艰难获得的文字和诗歌送给人类的情节。实际上,在希腊神话里,有普罗米修斯为人类盗火的故事。各国的神话里,都有天神下降,把文明带给人类的大量描绘。文明是神灵创造的产物,是他们花费巨大代价,做出巨大牺牲才得到的珍宝,所以我们要尊重和珍惜。就这样,神话教育了一代又一代人,让人有了对待文明的正确态度。

第 11 课 | 神话
"我是谁"的终极答案

我经常把奥丁的故事讲给已经在上学的孩子们听。从这个故事里我们能知道一些道理。

首先，即使是众神之神，也没有停止对智慧的追求。

奥丁坐在可以俯瞰世界的王座上，担负着比任何人都要大的责任。当别的神都在宴会上大吃大喝时，他却不吃任何东西，不断地思索"思想"和"记忆"告诉他的消息。为了从世界之树、智慧之泉、诗仙蜜酒中获得智慧，他做出了巨大牺牲，而且这是他主动选择的。

其次，把智慧变成自己的东西，获得知识，这件事情，对任何人都是公平的。

守护智慧之泉的巨人说："很多人听到一杯泉水的代价，都吓得不敢要了。"奥丁付出了巨大的代价、惊人的努力，去学习文字，获得智慧。这个世界上，没有任何知识是可以不经努力、不付出就获得的。神是这样，人也是这样。古代是这样，现在也是这样。要想吸收知识，变成自己的东西，依然要历经艰辛。不管对谁来说都是如此，世界是公平的。

如何培养会阅读的孩子
粲然的12堂阅读写作课

最后，求知很辛苦，但没有智慧的人生更痛苦。

奥丁为了追求智慧受了许多苦难，但如果他不追求智慧，不冒着生命危险，倒吊在树上九天九夜，不用挖掉一只眼睛，会好吗？不会，他不努力，压力更大，苦难更多，在"诸神的黄昏"来临时只能坐以待毙、束手就擒；而且，他不努力，也会让更多的人承受恐惧和苦难。

对每个人来说，在学习这件事情上努力，确实会很累、很辛苦。但是，不努力学习、不获取知识，人生会更辛苦。

没有人能够预测，未来的人生中会遇到怎样艰巨的挑战。奥丁的选择，是奋发图强，直面未来的挑战。如果你是奥丁，你会怎么做呢？

这就是第二扇神话大门，一个关于智慧的故事。第三扇神话大门，通往地球上最庞大的神话王国——希腊。我们将要认识的，是希腊神话中最强壮、最有勇气的英雄——赫拉克勒斯。

第 11 课 | 神话
"我是谁"的终极答案

粲然和你一起读

英雄的自我成长之路

希腊最伟大的英雄是赫拉克勒斯，他是希腊神话中天帝宙斯的儿子，有一半的神仙血统。赫拉克勒斯从小就展现出非凡的力气。成年后，他就成了世界上最强壮的人，极度自信。

他和公主生了三个孩子，生活本来过得挺幸福的，但是天后赫拉不喜欢他，就故意下诅咒让他发疯。失去自我意志的赫拉克勒斯，竟然把妻子和孩子都打死了，等他恢复正常时，完全不敢相信自己竟然铸成了这样的大错。万般懊悔的他愿意接受最严酷的惩罚来求得宽恕，他心甘情愿地接受了国王布置的 12 项不可能的任务，每一件事都比登天还难。

比如，第一个任务是杀死一只凶悍的狮子。人间的武器根本不能伤害它。力大无穷的赫拉克勒斯把它勒死，还将狮皮剥了下来，缝制成盔甲。第二个任务是杀死九头蛇，这件事情非常难

如何培养会阅读的孩子
粲然的12堂阅读写作课

办。因为每当赫拉克勒斯把其中一个蛇头砍掉，它就会再长出两个！后来，他每砍掉一个蛇头，就用滚烫的烙铁把蛇的脖子烤焦，这样才解决了怪物。其他任务同样困难又危险，每次赫拉克勒斯都拼尽全力。

这位最伟大的英雄完成了所有的任务，他把生命中的很大一部分时间都用来抵偿自己犯下的错误。在后面的人生中，他还有许多奇特的战斗经历，最终，他告别了人世，升入奥林匹斯山，被宙斯封为大力神。

你喜欢赫拉克勒斯吗？

如果希腊神话中的英雄也组成一个英雄联盟，久负盛名的赫拉克勒斯却不一定会被选为队长。他虽然力气最大，但不算聪明，情感很强烈，很容易激动。这种性格有时很可爱，但有时也会带来大麻烦。在完成12项任务的过程中，因为他的个性，又出现过几次节外生枝的事件。

但这个大大咧咧的大块头赫拉克勒斯，是希腊人最喜欢的英雄。希腊人喜欢他，不只是因为他有非凡的体

第 11 课 | 神话
"我是谁"的终极答案

力,还因为他的真实和勇敢,他在面对错误时感到真切的痛苦;在接受惩罚时,又无怨无悔,恨不得对自己再严厉一点。他老老实实承担了自己的错误、自己的命运。因此,他比那些毫无过错、掌握生杀予夺权力的天神更值得爱戴。

实际上不仅在希腊神话中,在各国的神话中,我们也经常会看到性格有缺陷的英雄和品德有瑕疵的神。比如粗暴鲁莽的北欧雷神托尔,好吃懒做甚至好色的天蓬元帅猪八戒,等等。读到他们的某些故事时,你可能还会在心里翻个白眼,想道,这也太离谱了吧!

这也是神话的一大特点。在很多神话里,神和英雄都富有人情味。人类在集体创作神话时,把人类的性格缺点,比如易怒、嫉妒、贪婪、自私等,在神和英雄的身上凝聚和放大了。一方面,神和英雄有常人没有的神通;另一方面,他们和常人一样,受着情绪、欲望的支配,需要经历痛苦,完成自己的成长。从这个角度说,历经千百代流传下来的神话故事也始终在激励人们接纳自身不足和失败,呼唤自己心中的神性,不屈不挠地努力下去。

前面三个神话故事，都来自国外。最后，第四扇神话大门，我邀请你一起来到我们的国度，来到我的故乡，我最熟悉的海岸线。

> 粲然和你一起读

华人到处有妈祖

在我长成大人后，有好多年，我都离开故乡，四处游荡。后来，我回到故乡的海岛，仍旧像小时候一样住在海边。我成了一个妈妈。

在成为大人，尤其是成为妈妈后很多很多个艰难的日子里，每到晚上，我都会走到家附近一个小小的海岬角，这里有一位神仙的雕像。她伫立着，静静地面向大海和彼岸。她就是妈祖。

妈祖，在我故乡的神话里，原名叫林默。她出生在距今一千多年前的北宋。因为从出生直

第 11 课 | 神话
"我是谁"的终极答案

到满月,她从未啼哭过,因而得名"默",昵称"默娘"。

她自小就勇敢聪明,而且心地善良,遇到贫穷困苦的人,就去帮助他们。

有一位老道士把"玄微秘法"传授给她。有一天她在水井边照镜子,得到了一双神奇的铜符,本领就更加高强了。

她熟习水性,能驾着船巡游于岛屿之间,能够为渔民预测出海时的天气情况。她义务采药治病、拯救遇险渔船,还曾点燃自家的房子,用火光当作航标引导迷航的商船脱离险境。在一次海难救援中,她牺牲了,但她随即升入天宫,成为女神,从此保护着海上往来的船只。

请你认真想一想 你见过中国神话人物的雕像吗?都有谁?

我们中国神话讲求的是万物有灵,人间有神。在中国的文化中,人类得到了来自神灵的庇护,在天地人的三角结构里,中国神话里的人,是非常稳定、坚韧而且幸运的。

如何培养会阅读的孩子

粲然的 12 堂阅读写作课

妈祖是海上保护神。妈祖的神话故事本来流传于中国东南沿海,后来随着中国人在海外开展各种活动,她的传说也传播到了世界各地。现在,全世界 45 个国家和地区,共有上万座从福建湄洲祖庙分灵的妈祖庙,有 3 亿多人信仰妈祖。正所谓"有海水处有华人,华人到处有妈祖"。

这正是神话和中国人的生活关系紧密最明显的证据。在本章开始的时候,我们就说到,神话故事回答了所有好奇的孩子的第一次提问:天地是怎么形成的?人类是怎么出现的?人死后去了哪里?

但神话,归根结底说明的是"我们是谁"。

中国神话的影子在我们的节气里、建筑上、食物中都可以找到,哪怕未来你迁移到世界的各个角落,只要还过着中国神话故事里的节气、节日,贴着对联、门神,你就还是中华民族的孩子,就在中国神话的空间里。你被文化稳稳地包裹住、承托住。你不会失去你的根,也不会被你的故乡遗弃。

第 11 课 | 神话
"我是谁"的终极答案

粲然和你一起读

只要有一个孩子相信,神话就不会消失

这就是神话最大的魅力所在。为了说明这件事,我再给你讲一个故事。这个故事由我非常喜欢的美国幻想小说大师尼尔·盖曼写就。当我试图和人们说明,为什么要跟孩子讲神话时,我就把这个故事说给他们听。

有个小女孩,她生长在一个小山村里。她妈妈和所有妈妈一样,每天晚上给她讲故事。妈妈跟她讲,我们这个村子和其他村子一样,有个精灵。他戴着高高的绿色帽子,穿着长长的褐色靴子。他每天晚上都会到村子里家家户户的门窗下找东西吃。所以啊,妈妈这样跟女孩讲:"我们要拿盆子装好每天剩余的牛奶,在睡觉前把盆子推出窗外,去喂养那只精灵。"

听完这个故事,女孩总和妈妈一起,把喝剩的牛奶推出窗外。这样过了一年又一年。

如何培养会阅读的孩子
粲然的12堂阅读写作课

后来,她的人生中发生了许多许多事,她流浪、漂泊,到过许许多多地方。年老时,她已经置身某个离故乡千万里外的小小种植园。

到70岁,在几乎无法自理的人生里,她唯一坚持做的事,就是每晚睡觉前,近乎机械地,把自己每天喝剩的牛奶用盆子装好,推出窗外。

在70岁那年的一个黄昏,她坐在种植园的门廊下。夕阳西下,她看见有个人远远地从夕阳余晖里、从群山之间径直朝她走来。

那个人,戴着高高的绿色帽子,穿着长长的褐色靴子。她看向那人,满心疑惑。她说:"你是谁呀?看起来有点面熟。"

那人站在落日余晖里,温柔地对她说:"我是谁不重要。我是来带你回家的。"

我非常喜欢这个故事。总是被它鼓舞着,想把更多的神话带到孩子们身边。很多年来,我在我创办的儿童机构三五锄里担任神话课老师,还和老师们一起进行神话的乡野调查,延请老壁画师为孩子们画下神怪故事。我们还请杂耍演员和孩子们组成"老神怪演出小组",在中国很多城市巡演。

第 11 课 | 神话
"我是谁"的终极答案

只要有一个孩子相信,神话就不会消失,我们就会把神话传播下去。

粲然和你一起读

神话的未来

千万年前,远古时代的人们在篝火边交换着对世界的观察和理解,终于在某一时刻洞观了神明的面貌,人们立刻虔诚地跪倒,膜拜天地的主宰,请求他们照顾自己的身体和心灵,照顾庄稼与屋舍。千万年过去了。神与英雄已经不再为大多数的人所信奉,然而关于他们的故事依然绵延不绝。

神话变成了各种形式,它出现在画家、雕塑家、作曲家以及作家的作品中;它还改头换面,变成了复仇者联盟的故事,变成宫崎骏的动画故事,变成哪吒的动画电影。甚至,我们的时代也会再从古老的神话土壤里,制造出这个时代的神话英雄故事,流传到下一代去。

20世纪神话学大师坎贝尔说:"任何存在人类想象的地方都存在着神话,正是人类的想象赋予了神话生命。"神话故事的本质和内核没有变,它就像原石一样,无论在哪里,都充满了勇气,蕴含着宇宙中最原始的人类文明的密码。

神话是属于大家的。作为一个讲故事的人,我用自己的方式和语言与你分享。我在讲述时,这些故事便属于我。如果你愿意接着讲述下去,那么这些故事也将同样属于你。试试看,孩子,把神话传递下去。

思考与对话

神话是古人想象出来的,我们为什么还要记住它们呢

每一个孩子大概从摇篮里就开始听自己民族的神话故事了吧!再长大一点,我们开始听到或读到更多其他民族的神话。你爱看神话故事吗?思语分享了她对神话故事的思考。

第 11 课 | 神话
"我是谁"的终极答案

粲然：中国的神话故事里，你对哪个印象深刻？

思语：精卫填海这个故事是我很小的时候听的。我听完了，第一时间就问我老妈："它最后把海填上了没有？"

因为当时我喜欢童话。童话的结尾一般都是：从此过上幸福的生活。所以我希望它能填上，但是最后它还是没有完成。我还挺佩服它这种性格的。一片东海，不管你身处哪个角度看都很大，你不可能就这样把它填上。精卫却很坚持，把找到的各种东西往里丢。

还有女娲造人这个故事，我当时感觉有点失望，因为她之前造人是一个一个捏的，后来她捏累了就直接拿那个藤条抽，太不用心了吧！我觉得我就是给抽出来的，可能大部分人都是藤条抽出来的吧！不过我们班上有个同学坚持说他是被捏出来的。

女娲上半身是人的身体，下半身是一条蛇的尾巴。她捏人的时候希望他们和自己不同，就给人装上两条腿。我当时就在想，假如她捏的人和自己长得一样，那又会发生什么事呢？说不定现在我们就不是用两条腿站在这里。我

如何培养会阅读的孩子
粲然的12堂阅读写作课

在想假如她没注意这些,是不是我们现在是一条腿,或者下半身是蛇形,那现在很多交通工具就会改变。

粲然：国外的神话故事,有没有让你印象比较深刻的?比如说希腊神话、北欧神话。

思语：希腊神话吧,之前我不太喜欢看。但是后来我读了"波西·杰克逊系列"。它是由希腊神话改编而来的现代故事,我看了一下,就把整本看完了。

这里面的人物中,我最喜欢雅典娜。她是智慧女神,也是战争女神,然后在"波西·杰克逊系列"里,她是安娜贝丝的妈妈,戏份不多,但很聪明,很多事情都可以想得很周到。我喜欢她的聪明,聪明会救你一命。在书里,她情绪失控了,就想发起一场希腊和罗马之间的战争。

中国的女神,我就没有什么印象,她们就是漂亮吧!比如《红楼梦》里说一个姑娘很美,就说她"美若天仙"。

粲然：中国这些年拍了一些以中国神话为题材的动漫电影,比如哪吒、姜子牙、小门神、大圣,你可以分享一下

第 11 课 | 神话
"我是谁"的终极答案

你的看法吗?

思语:中国这些年拍过很多,我看过《哪吒之魔童降世》,我觉得挺好看的,但是画面做得不太好。

面部表情之类的可以做得更好。而且毕竟是神话,"飞"是神仙基本的能力吧!电影里的飞就和我想的完全不同。

还有,国漫以这些内容为题材很好,做自己的神话故事,不要去抄袭。

粲然:你觉得如果把神话进行改编、再创作,那需要具备什么样的元素,会让读者、观众重新接受和喜欢?

思语:我本来想说肯定不能把主角设定成一个反派,后来觉得如果把之前的神话故事的主角设计成一个反派也不错,会很有意思。

还有就是可以像"波西·杰克逊系列"一样,把古代的角色搬到现代来。不要太过久远的,不然假如别人没看过古代的神话,就会很懵。故事尽量贴近生活一点,最好能够融入现代生活。我现在好有灵感。

粲然：你说你有灵感，是会进行创作吗？我知道你想当漫画家。

思语：我喜欢画漫画，我未来想出一本自己的漫画故事书。至于会不会画神话，这个我还没想到。不过都是原创的漫画，应该会从中国神话里获得灵感吧！

> 一起来创作

你想认识哪个神话人物

在你听过的神话故事里，哪个神话人物是你觉得有趣，想认识的？你会和他一起去做什么事情呢？把这个故事写下来吧！

第 12 课

诗歌
长长短短是诗歌

诗歌的力量是非常惊人的。可以说,世间的痛苦越多,那些蕴含心灵力量、光芒万丈的诗歌就会越多。诗歌,是对这世界的悲伤与爱的回答。而读诗,就像在捕捉鲜活的生命。

第 12 课 | 诗歌
长长短短是诗歌

在前面的内容里，我们讨论了儿童文学的各种体裁和内容。有儿童恐怖小说、财商文学、逆商文学、动物文本、神话、童话、科幻文学等。它们就像儿童文化这座神秘宏大、古来有之的巍峨城堡里，十一扇金光闪闪的门。

在这个过程中，什么故事引发了你的好奇，让你想阅读，想讨论，想一探究竟呢？勇敢地迈开脚步探索吧！

最后一章，我们要讲诗歌。为什么最后才讲诗歌呢？这种感觉，就好像通关游戏最后出场的，一定是重量级嘉宾一样。想象一下，你莅临某场高手如云的武林大会。这里汇聚着古往今来超厉害的作者，他们从各种体裁入手，为丰富传统文化，创造新文化，尤其是针对属于儿童的

如何培养会阅读的孩子
粲然的 12 堂阅读写作课

文化而战。在这其中,最难,却最动人心弦的体裁,是诗歌。

为什么说诗歌是最"难"的文体?因为在所有场景的语言运用中,诗歌难度是最大的。比如,我们要描述"月亮"。神话会想象出一个"辉夜姬"的故事;科幻小说会刻画一个"未来的月亮警察"角色;但诗歌呢,诗歌可能只需要 20 个字。

> 床前明月光,
> 疑是地上霜。
> 举头望明月,
> 低头思故乡。

20 个字,就把那一刻月光的模样,那一刻沐浴在月光中的诗人的心境都写活了。不仅如此,这 20 个字还流传了千百年,深深触动了千百万人的心。

就像我刚才说的武林大会。别的剑客都有无数次的机会举剑,而诗人只有一次机会,必须一剑封喉。有人还形容"写诗,就像穿着芭蕾舞鞋在针尖上跳舞"。是的,就

第 12 课 | 诗歌
长长短短是诗歌

语言的应用而言,写诗是艰难的。正因为艰难,才使得诗歌的魅力无与伦比。

之所以要读诗歌,首先,是因为我们要去接触一个文化里最精妙、最优雅、最美的语言,就好像刚拿起剑的小侠客得知道谁是"天下第一"时那样。读诗歌、吟诵诗歌,你就认识了那些"武林高手",和他们有了心灵交流。

其次,是因为人们总是说,诗歌最容易让人产生共鸣。"共鸣"的意思,是由一个人的某种思想情感引起他人相同的思想情感。人们之所以会被诗歌打动,是因为诗歌着笔之处大多是人类共同的经验。

比如刚才说的李白的《静夜思》。从六七岁的孩子到八九十岁的老人,无论身处哪里,都看过月光,都能理解"思念"的感受。月光下的思念之情激起了所有人的同理心。

读诗歌,还要体会诗歌里种种超越时空的共同情绪。了解自己,了解他人,从而体察各种情感,学习处理感情的方法,进一步了解更为广阔的世界。

如何培养会阅读的孩子
粲然的 12 堂阅读写作课

　　了解诗歌还会带来另外一个超棒的福利。因为诗歌和诗人的内心感受、个人经历密切结合，所以吟诵诗歌的同时，我们不由自主地深入诗人的命运，忍不住探寻诗人在什么时候、遇到什么事，因而写出这样的诗句。经由这样的探寻，我们一步步了解了诗歌中人的命运，进而了解了人在历史中的轨迹。一边共情人物的感受，一边了解历史、了解国情、了解文化。

　　比如，未来你会读到唐朝杜甫写的"三吏三别"，诗人所处时代正遭遇重大灾难——"安史之乱"，他在诗歌中描述了新婚的人、没有家的人、年老的人、矮小年幼的人……他描绘了众生在乱世中身世飘零的种种画面，记录下了当时的情景和对话。

　　可以说，经由诗歌，我们目睹了一幕幕遗失在时光里的场景，听见了一曲曲跌宕起伏的心灵之歌。如果没有诗歌，谁会写下普通人的故事呢？从这个角度来说，诗歌就是另一种类型的历史，另一种类型的个人史。

第 12 课 | 诗歌

长长短短是诗歌

粲然和你一起读

诗歌是表情达意的信息库

每当我说起"诗歌是从古到今人们表情达意的信息库"这样的话时,都会有人举手反对。"错了,错了。"曾有小朋友这样说:"我认为表情包才是表情达意的信息库。很多时候,不用说话,更不用吟诗作对,发个表情包,什么都懂了。"

这是个特别现代的、特别好的看法。能想到"诗歌"和"表情包"的对比,证明这个小朋友开始发现人类表达的一些共性。因为"表情包"和诗歌一样,的确也具有不言自明的"表达共性"。

为了说明这一点,我特地选了一些表情包和中国诗歌对照,我们来看看,是不是很有趣呢?

第一个上场的表情包是:😮(嘘)。

如何培养会阅读的孩子
粲然的12堂阅读写作课

李白的《夜宿山寺》里有一句"不敢高声语,恐惊天上人",说的是在一个深夜,诗人借宿在山上的一座寺庙里。寺庙里有一座高楼,在星夜下,诗人和朋友一起拾级而上,脚踩着早已风蚀的木楼梯,可能还听到建筑物发出"嘎吱嘎吱"的声音。

建在高山上的塔楼显得那么高,那么危险。爬到最顶层,抬眼看去,满天星辰,好像一伸手就可以摘下它们。深山、孤寺、危楼,繁星满天的夜晚,诗人转过头,向朋友发送了一个"嘘"的表情包,压低声音说:"不要大声说话啊!万一惊动天上神仙怎么办呢?"

瞧,是不是非常贴合呢?

第二个上场的表情包是:😊(羞涩微笑)。

古时候的诗人非常喜欢描写女子害羞的神情。比如,宋词中晁端礼这首《清平乐》写道:"娇羞未惯。长是低花面。笑里爱将红袖掩。遮却双双笑靥。"诗词描写了一个女孩子特别害羞的样子,她总是低着头,脸上红扑扑的,一笑就用袖子遮着自己的双颊。

第 12 课 | 诗歌
长长短短是诗歌

第三个上场的表情包是：各种"哭"。

表情包里，有"哭"的不同款式。诗歌里也有。杜甫的《登岳阳楼》里说："戎马关山北，凭轩涕泗流。"这里说的是诗人登上岳阳楼，看着烟波浩渺的洞庭湖，想起杳无音信、远在千里之外的亲人，再想到国家狼烟四起，百姓流离失所，不禁悲从中来，倚靠着栏杆，涕泪纵横。是不是像这个😭（放声大哭）的表情包呢？

而杜甫的另外一首诗《闻官军收河南河北》是这样描写"哭"的："剑外忽传收蓟北，初闻涕泪满衣裳。"

这里的"哭"，是突然传来战乱平定的消息，非常欢喜、激动，意指喜极而泣、悲喜交加的感受。是不是像这个😂（笑哭）的表情包呢？

还有其他"哭"，像范仲淹的"黯乡魂，追旅思。夜夜除非，好梦留人睡。明月楼高休独倚，酒入愁肠，化作相思泪"。这里的"哭"，是在外流浪，想念家乡，想念家人的"哭"。是不是很像这个🥺（可怜）表情包？

如何培养会阅读的孩子
粲然的12堂阅读写作课

而《迢迢牵牛星》里写的"终日不成章,泣涕零如雨",说的是神话里天河隔绝了牛郎和织女,织女每天哭泣,还怎么能织布呢?这样的描写,像极了 (捂脸哭)这个表情。

是不是很有意思?我们所习惯的表情包,可以对应许许多多的诗句。或者说,无穷无尽的诗句对应了人们复杂多变的感情。表情包有用光的时候,但从内心喷涌而出的,经过千万人、千万代传颂的诗歌却浩如烟海。

在社交中,我们固然喜欢使用便捷的表情包。但我向你们保证,未来,当你和好朋友深入交流,或者静静聆听自己内心的时候,对美好诗歌的需要就会产生。诗歌,是深入心灵的捷径。

请你认真想一想 为什么同样都是能引发共鸣的东西,诗歌比表情包更美妙呢?

首先,诗歌是有画面的。诗歌,好像每个人心灵的30秒短视频。它将此时此刻、此景此心在人心中反复放

第 12 课 | 诗歌
长长短短是诗歌

映,而不仅仅是一个表情。它的内容更丰富、立意更高远,能调动起人类更深层次的感受,激起更多耐人寻味的共鸣。

其次,表情包突出的是一个孤立的、瞬间的情绪,诗歌则更像来自心灵的邀请。它是在现实中突然打开门的魔法小屋,受到邀请的人走进去,看到老的房子、老的厅堂、过去的雨水、过去的山河月光,可里面有一个跟你有着相似情感的人,是你的知己。

最后,也最重要的是,表情包是简笔画,诗歌却深具美感。大部分人一生中,可能有 95% 的时间都在用大白话交流,用各种各样的表情包传递情绪。剩下 5% 的时间,人们在聆听动听的、充满美的语言,这时心灵就会像冬天里喝到暖饮,夏天里安享凉风那样,得到安慰。

所以,不要仅仅把诗歌当作背诵默写的功课。大胆地"使用"诗歌吧!和诗歌对话,写下诗歌送给朋友。只要你"使用"诗歌,诗歌就会像不停被擦亮的金币一样,越来越亮、熠熠生辉。最后,诗歌会成为被你真正认同的,和你的情绪、思想融为一体的美妙语言。

> 粲然和你一起读

诗歌,是对这世界的悲伤与爱的回答

刚才提到了很多诗歌,都源自中国古代。是不是只有中国古代才有诗歌呢?不是的,作为最古老的、抒情言志的文学体裁,诗歌源远流长,任何时代、任何文化都孕育着自己的诗人、自己的诗歌。全世界的人都在吟诵和流传着的美妙诗句,没有国界,不分时空。

很多人怀抱童心写下美妙的诗句,这些诗句用稚气的眼睛观察世界,用形象的比喻描摹世界,用永远乐观的热情歌颂世界。这些诗歌就连非常小的孩子都能听懂,都会被感动。比如金子美玲的诗《这条路》。

> 这条路的尽头,
> 有一片茂密的森林。
> 孤单的朴树呀,
> 走这条路吧。

第12课 | 诗歌

长长短短是诗歌

这条路的尽头，

有一片辽阔的海洋。

莲花池里的青蛙呀，

走这条路吧。

这条路的尽头，

有一座大大的都市。

寂寞的稻草人呀，

走这条路吧。

这条路的尽头，

总会有些什么吧。

大家一起，大家一起去吧，

一起走这条路吧。

听到这首诗，你的眼前一定会出现一条漫长蜿蜒的路吧！路的这头，是朴树、荷塘和田野里的稻草人，是挥之不去的孤单和寂寞。路的那头是什么呢？我们读着这样的音韵优美的诗歌，像脱下旧衣服一样脱下旧情绪，被安慰着，被鼓励着，朝未来走去。

金子美玲的诗歌，我最最喜欢的，是《向着明亮那方》。三五锄合唱班的孩子们吟诵、演唱着这首歌去过很

如何培养会阅读的孩子
粲然的 12 堂阅读写作课

多城市。台上的孩子和台下的大人，眼里都闪闪发光。现在，我把这首诗分享给你。

> 向着明亮那方，
> 向着明亮那方。
> 哪怕一片叶子，
> 也要向着日光洒下的方向。
> 灌木丛中的小草啊。
> 向着明亮那方，
> 向着明亮那方。
> 哪怕烧焦了翅膀，
> 也要飞向灯火闪烁的方向。
> 夜里的飞虫啊。
> 向着明亮那方，
> 向着明亮那方。
> 哪怕只有分寸的宽敞，
> 也要向着阳光照射的方向。
> 住在都会的孩子们啊。

听完这首诗，你心里有怎样的感受呢？诗人金子美玲的一生是非常孤单、压抑和短暂的。在 27 岁时，因为离

第 12 课 | 诗歌
长长短短是诗歌

婚的丈夫要带走自己唯一的女儿，一直支撑金子美玲的希望崩塌了，她选择仓促结束自己的生命。这是一个悲哀的故事。但这样一个心灵一直饱受煎熬的人，写下的诗歌却充满着力量、勇气和希望。这不仅在鼓励着她自己，也在鼓励、支持着我们。即使到现在，我们读起来，都能想象她对着孩子殷殷嘱托的声音，会被这温柔有力的诗句触动。

"向着明亮那方"暗喻着人生向善。很多有名的儿童诗人，都运用各种比喻来告诉孩子这个世界是什么样的，以及我们可以怎样对待它。

比如谢尔·希尔弗斯坦（Sheldon Alan Silverstein）。在诗歌《爱心树》里，他用持续奉献着树枝、树干，奉献着生命的全部来支持孩子的爱心树，比喻无私奉献的父母。在诗歌《失落的一角》里，他讲述了缺了一角的圆，一边唱着歌一边寻找失落的一角。圆的一路征途，阐释了"完美"和"缺憾"。又比如特德·休斯（Ted Hughes），他用性情各异的动物，向孩子们揭示了一个真实到残酷，但生命互相依存、值得眷念的大自然。这些诗歌的作者都平等地看待孩子，和孩子交流，把自己对这个世界的认识

如何培养会阅读的孩子
粲然的 12 堂阅读写作课

全盘交给这些孩子。

有许许多多人为自己写诗，为你写诗，为这一生、这个世界写诗。诗歌的力量是非常惊人的。可以说，世间的痛苦越多，那些蕴含心灵力量、光芒万丈的诗歌就会越多。诗歌，是对这世界的悲伤与爱的回答。而读诗，就像在捕捉鲜活的生命。

我深深记得，2011 年 3 月 11 日，日本东部沿海发生 9.0 级大地震，引发海啸，造成一万多人死亡，并发生了严重的福岛核电站核泄漏事件。当时有一则新闻引发了全世界的关注，在灾区的废墟中，一所小学的教室黑板上，留存着粉笔在黑板上写下的一首诗歌。这是灾后离别时，大家被迫背井离乡时，老师们在这个黑板上面写下的，他们想以此告诉学生和来人，不要放弃希望，千万不要忘记为人的尊严。这首写在黑板上的小诗，迅速在全世界流传，治愈和激励了无数人。这首诗，是日本国民诗人宫泽贤治的《不畏风雨》。

不畏雨，不畏风，也不畏冬雪和酷暑。
有一个结实的身体，无欲无求，绝不发怒，

第 12 课 ｜ 诗歌
长长短短是诗歌

总是平静微笑。

一日食玄米半升,以及味噌和少许蔬菜,对所有事情,不过分思虑。

多听多看,洞察铭记,居住在原野松林荫下,小小的茅草屋。

东边有孩子生病,就去看护照顾,西边有母亲劳累,就去帮她扛起稻束,南边有人垂危,就去告诉他莫要怕,北边有争吵或冲突,就去说这很无聊请停止。

干旱时流下眼泪,冷夏时坐立不安,大家喊我傻瓜,不被赞美,也不受苦,我想成为,这样的人。

粲然和你一起读

孩子是天生的诗人

说了那么多优美又有力量的诗歌,也许有的小朋友会说,诗歌真的太难了,我这辈子都成不了诗人。

如何培养会阅读的孩子
粲然的12堂阅读写作课

我不这样看。虽然直到今天，我也只能写很蹩脚的诗，但我觉得人人都有成为诗人的潜质，孩子更是天生的诗人。

我的孩子还小的时候，我把他的童言童语记录下来，往往发现，这就是美丽的小诗。比如，他3岁时，我记录下一首他自创的小诗——《月亮，躲猫猫哦》。

> 月亮，躲猫猫哦！
> 躲到树梢后面去了，
> 躲到楼房后面去了，
> 躲到海那边去了，
> 躲到云朵里面去了，
> 月亮，来，坐这边，
> 一起玩，一起玩吧！

我很喜欢这首小诗。住在海边的小小的孩子，从黄昏开始就注视着月亮，他用视线和月亮做游戏，热切地邀请月亮做客。他的心里，有无边的苍穹，也有无边的好奇。我看到这样一颗心灵，感到骄傲。

第 12 课 | 诗歌
长长短短是诗歌

在我的孩子 7 岁时，他做了一个梦。醒来后，他写下一首诗记录这个梦，名字叫作《我做了个梦》。我也喜欢这首诗。

> 我做了个梦，
> 梦见妈妈去世了。
> 在这里死掉，在别的地方出生。
> 我梦见我正在收拾行李，
> 出发去找她。
> 我一个人拖着行李箱在长长的路上走，
> 既不感到悲伤，也不感到高兴。
> 我只是在想，我的妈妈是什么样？
> 她还像以前那样温柔吗？
> 她这辈子是不是还那么
> 懂得爱？

孩子总是随随便便，又认认真真地记录着自己的妈妈，画下自己的妈妈。现在我要告诉你，作为你们作品里的主角，妈妈们觉得无比幸福。这些诗歌、绘画，是世界上最宝贵的东西。妈妈们永远都不会忘记。

如何培养会阅读的孩子
粲然的12堂阅读写作课

实际上，只要孩子们愿意思考，不畏惧表达，他们就可以凭借深切的好奇心，对世界细微的观察，还有无穷无尽的热情写下非常好的诗歌。

比如，有个叫王知微的6岁孩子这样写春天，诗的名字叫《春天的三行诗》。

西瓜虫爬上我的铁锹，
妹妹跌跌撞撞爬上楼梯，
春天也气喘吁吁在爬坡：啊！好累啊！

还有个叫陈科全的8岁孩子这样写眼睛，诗的名字叫《眼睛》。

我的眼睛很大很大，
装得下高山，
装得下大海，
装得下蓝天，
装得下整个世界。

我的眼睛很小很小，

第12课 | 诗歌
长长短短是诗歌

有时遇到心事，

就连两行泪，

也装不下。

这些儿童诗完成度很高，像春天的小草欣欣向荣。能读到这样的诗歌，会让人幸福得忍不住笑出来。所以请你多读诗，也多写诗吧！像照相机留下微笑的瞬间一样，留下你灵感闪现的瞬间。

关于诗歌，我已经说了很多了。诗歌是高级又深具美感的文学形式。然而，它绝不高高在上。诗歌就在你的唇间，就在你的心里，就在你的笔下。它就像你心里的火把，点燃它，把它举高，把它传递下去，你一定会看见明亮的轨迹，看到整个世界都被你和你读过、写过的诗歌点亮。

> 思考与对话

假如诗是一种食物，你觉得它闻起来、摸起来、看起来是什么样的呢

粲然：你喜欢读诗吗？假如诗是一种食物，你觉得它闻起来、摸起来、看起来是什么样的呢？

安妮：我很喜欢读诗。写快乐的诗，吃起来感觉是玫瑰花的香味，或者说是世界上所有花加起来的香味；写悲伤的诗，就会像咖啡那样苦，红酒那样酸。闻起来呢？就是书页的味道呀！每次老师发新课本，我都要闻一闻。摸起来呢？就好像白云和棉花糖结合起来的感觉。如果你摸久了，搓搓搓，它就会消失了，像云一样飘走了。

如果我读到一首很喜欢的诗，会很想把它一口吃了，然后变成自己肚子里的营养。

思源：我喜欢读诗，我觉得儿童诗就像是甜甜的糖果，五颜六色的，软绵绵的，甜丝丝的。古诗味道苦苦的，因为

第 12 课 | 诗歌

长长短短是诗歌

每一篇都要背出来,还得默写,写错了字还要罚抄……

橙子:我喜欢读打油诗,或者幽默的诗,我不喜欢读写景的和抒发感情的诗。吃一首幽默的诗是甜甜的;吃一首抒发悲伤感情的诗是苦苦的;吃一首写夜景的诗是淡淡的;吃一首写人生历程的诗是酸酸的;吃一首写得不好的诗是辣辣的。

闻一首好诗是香香的;闻一首差诗是臭臭的;闻一首悲伤的诗是芥末味儿的。

摸一首春天的诗是暖暖的,像天鹅绒一样软;摸一首夏天的诗是热热的,像一个装满热水的壶;摸一首秋天的诗是凉凉的,像好几个迷你电风扇在吹;摸一首冬天的诗是冰冰的,像冻结的湖面一样硬。

粲然:你最喜欢谁的诗呢?给我们推荐一首吧。

安妮:我要推荐谢尔的诗!他是一个想象力特别丰富的诗人,也是画家。他写了上千首诗,我要特别推荐其中一首,叫作《地球的尽头》,我想跑进诗里去的原因是,这

如何培养会阅读的孩子
粲然的12堂阅读写作课

里面的小女孩认为,地球不是圆的,是平的,而且我读完后,感觉害怕了,因为你看,如果有一个地方是地球的尽头,只要你一跳下去,就没了!我就想测验一下,地球是不是真的平的。还有就是,我是不是有恐高症。

> 哥伦布说:"大地是个圆球",
> 千万别听他胡说,
> 因为我来到了,
> 世界的尽头,
> 向下看去,
> 只见蓝烟缭绕。
> 坐在这里能听见,
> 狂风怒吼。
> 听我说,小朋友,
> 这个世界是平地,
> 不是圆球。

思源:我最想去李白的诗里看一看《望庐山瀑布》里紫色的烟是什么样的,挂起来的银河是什么样子的,为什么水流会像星星一样,爸爸妈妈答应带我去庐山看瀑布,我想知道我看到的瀑布和李白看到的是不是一样的。

第 12 课 | 诗歌

长长短短是诗歌

橙子：目前我最喜欢"微云淡河汉，疏雨滴梧桐"。孟浩然写得好，描写的场景凸显了下雨时的场景，有风景、有声音，读了好像能听到雨滴打在梧桐叶上的声音。微云、河汉、疏雨、梧桐，有静有动，秋天的夜晚冷清又有点凄凉。

一起来创作

为你爱的人或世界写一首诗

- 你能为你的表情包找出对应的诗歌吗？
- 你最喜欢的诗人是谁？哪一句诗曾深深打动你？为什么？
- 为自己和自己爱的人与世界写一首诗。

附　录

5～12岁孩子阅读和写作要具备的能力

阅读

▎有兴趣，具有抗挫性的自我阅读

让孩子每天自己读一点，即使有跳字、漏字、错字的现象也没关系，只要他愿意读。

如果孩子不想自己读，我们建议家长为孩子读。培养孩子阅读的抗挫性不是逼迫孩子去做觉得很难的事情，而是在孩子觉得很难的时候给予适当帮助，让他在事后体验到成就感，从而培养抗挫性。

如何培养会阅读的孩子
粲然的12堂阅读写作课

▎阅读是自我打发时间的行为之一

孩子不知道该做什么的时候，他会自己拿起书来读。比如，孩子说"我好无聊啊"，然后自己拿起一本书去读。书是他无聊时的若干选择之一，这就是他有阅读潜力的信号。

▎遇到问题会想从书里寻找答案

比如孩子会说"这个事情，我曾在哪本书里看到过"，这是一个非常重要的信号，说明孩子已经可以与书产生联结，具备了初级阅读者的能力。

▎看完一本书，会有通过它寻找和关联同类书或相关书籍的欲望和能力

以"怪杰佐罗力"系列为例，每本书后面都有相关图书，孩子会指着这些图说："妈妈我要读这一本！"这个时候人脑自动搜索的萌芽正在冒出，是跳出这本书，在书与书之间、书与心灵之间搭建桥梁的机会。

▎自然而然将所阅读的内容融汇进写作，在书写里利用已读经验的概率增大

许多作文培训机构会要求孩子背好词好句，为孩子搭

附 录
5～12岁孩子阅读和写作要具备的能力

建诸如"起因、经过、结果"之类的框架，但这样做不利于打造儿童阅读者。好的作文强调的是孩子的感受，感受永远比好词好句更重要。

▍能建立适合自身需求的阅读架构

如果孩子想要看烹饪、收纳类书籍，那么他的兴趣点在家政方面；如果孩子喜欢《哈利·波特》《地海巫师》，他的兴趣点就在魔幻文学。孩子出现这样的兴趣归类，是阅读架构萌芽的信号。

▍有思辨力、有审美判断力

"妈妈，学校的书里面为什么只有开心，没有伤心呢？"孩子这样问妈妈就是其思辨力的体现。什么是审美判断力呢？就是孩子能够自己分辨什么是好、什么是不好。需要注意的是，不是说孩子只看好的、不看不好的才叫有审美，而是说孩子有能力判断什么是高级的。

▍用自发书写和作者进行不同形式的深度对话

阅读不是读完就结束了，但也不是要长篇大论去写读后感。写读后感是和书的深度对话，可以用绘画、讲述、书写等多种形式，只要是代表思考的输出，就是深度对话。

写作

有兴趣、具有抗挫性的自我书写

这是一个多媒体的时代,不是纯文字时代。看到孩子有各种形式的输出,家长要懂得欣赏和肯定,而不是苛求。比如,孩子喜欢拍小视频,喜欢画画,喜欢拍照,这些都属于输出,不仅仅是文字写作才叫输出。

书写是自我打发时间的行为之一

一定要给孩子留出时间,让他能够发现自己内心的感受,让他去表达。

用书写表达内在的自我

孩子愿意通过书写表达感受和想法,除了文字也可以是画画,要接受和肯定孩子的多种输出形式。

通过书写进行社交

书写是一个人表达的原动力,但要注意的是,不是说一定要通过书写去进行社交才叫书写社交。当孩子把生活中的人和事画到图画里,或写在文章里,体现在日常社交里,这些都是书写社交。

附 录
5～12岁孩子阅读和写作要具备的能力

▍对内容进行系统规划、并乐于挑战较长内容的书写

对孩子来讲，当他能勇敢地挑战较长篇幅的文章时，那短篇就不算难事。所以请家长一定不要只关注眼前的问题，如果你的眼光只在这个位置，那么就很难具备长远分析问题的能力。

▍不囿于文字写作

同时使用图画、照片、视频、配音、戏剧、舞蹈、音乐等多种媒介进行融合表达。

▍有思辨力、追求美的表达方式

孩子开始书写的时候，一般都是流水账，家长不要苛求或焦虑。不断书写的过程中，孩子就会逐渐培养出富有美感的表达方式。

▍和世界或他人进行深度对话，并产生心流

心流是一种高峰体验，是真正的快乐。比如写情书，很多人回头看我怎么可能写出那么美的情书呢？！因为在写情书的时候，你的内心产生了心流，这是最高级的写作者状态。只有产生了内心真正的愉悦，才可能长期做一件事情。

未来，属于终身学习者

我们正在亲历前所未有的变革——互联网改变了信息传递的方式，指数级技术快速发展并颠覆商业世界，人工智能正在侵占越来越多的人类领地。

面对这些变化，我们需要问自己：未来需要什么样的人才？

答案是，成为终身学习者。终身学习意味着永不停歇地追求全面的知识结构、强大的逻辑思考能力和敏锐的感知力。这是一种能够在不断变化中随时重建、更新认知体系的能力。阅读，无疑是帮助我们提高这种能力的最佳途径。

在充满不确定性的时代，答案并不总是简单地出现在书本之中。"读万卷书"不仅要亲自阅读、广泛阅读，也需要我们深入探索好书的内部世界，让知识不再局限于书本之中。

湛庐阅读 App: 与最聪明的人共同进化

我们现在推出全新的湛庐阅读App，它将成为您在书本之外，践行终身学习的场所。

- 不用考虑"读什么"。这里汇集了湛庐所有纸质书、电子书、有声书和各种阅读服务。
- 可以学习"怎么读"。我们提供包括课程、精读班和讲书在内的全方位阅读解决方案。
- 谁来领读？您能最先了解到作者、译者、专家等大咖的前沿洞见，他们是高质量思想的源泉。
- 与谁共读？您将加入优秀的读者和终身学习者的行列，他们对阅读和学习具有持久的热情和源源不断的动力。

在湛庐阅读App首页，编辑为您精选了经典书目和优质音视频内容，每天早、中、晚更新，满足您不间断的阅读需求。

【特别专题】【主题书单】【人物特写】等原创专栏，提供专业、深度的解读和选书参考，回应社会议题，是您了解湛庐近千位重要作者思想的独家渠道。

在每本图书的详情页，您将通过深度导读栏目【专家视点】【深度访谈】和【书评】读懂、读透一本好书。

通过这个不设限的学习平台，您在任何时间、任何地点都能获得有价值的思想，并通过阅读实现终身学习。我们邀您共建一个与最聪明的人共同进化的社区，使其成为先进思想交汇的聚集地，这正是我们的使命和价值所在。

CHEERS

湛庐阅读 App
使用指南

读什么
- 纸质书
- 电子书
- 有声书

怎么读
- 课程
- 精读班
- 讲书
- 测一测
- 参考文献
- 图片资料

与谁共读
- 主题书单
- 特别专题
- 人物特写
- 日更专栏
- 编辑推荐

谁来领读
- 专家视点
- 深度访谈
- 书评
- 精彩视频

HERE COMES EVERYBODY

下载湛庐阅读 App
一站获取阅读服务

著作权所有，请勿擅用本书制作各类出版物，违者必究。

图书在版编目（CIP）数据

如何培养会阅读的孩子 / 粲然著 . -- 长沙：湖南教育出版社, 2024.11. -- ISBN 978-7-5754-0484-6

Ⅰ . G252.17

中国国家版本馆CIP数据核字第2024AC3781号

RUHE PEIYANG HUI YUEDU DE HAIZI
如何培养会阅读的孩子

出 版 人：刘新民
责任编辑：陈逸昕
封面设计：湛庐文化
出版发行：湖南教育出版社（长沙市韶山北路443号）
网　　址：www.jiaxiaoclass.com
微 信 号：家校共育网
电子邮箱：hnjycbs@sina.com
客服电话：0731-85486979
经　　销：全国新华书店
印　　刷：天津中印联印务有限公司
开　　本：880mm×1230mm　1/32
印　　张：10.5
字　　数：110千字
版　　次：2024年11月第1版
印　　次：2024年11月第1次印刷
书　　号：ISBN 978-7-5754-0484-6
定　　价：79.90元

本书若有印刷、装订错误，可向承印厂调换。